Gitta Lüpkes · Wiebke Hayenga-Meyer

OSTFRIESLAND
handgemacht

Ostfriesland Verlag – SKN · Edition Ostfriesland Magazin

Inhalt

Nachhaltige Heimwerker-, und Bastelideen mit Anleitungen

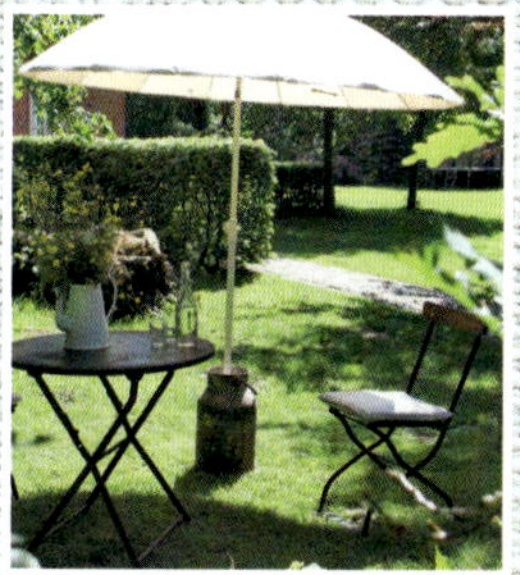

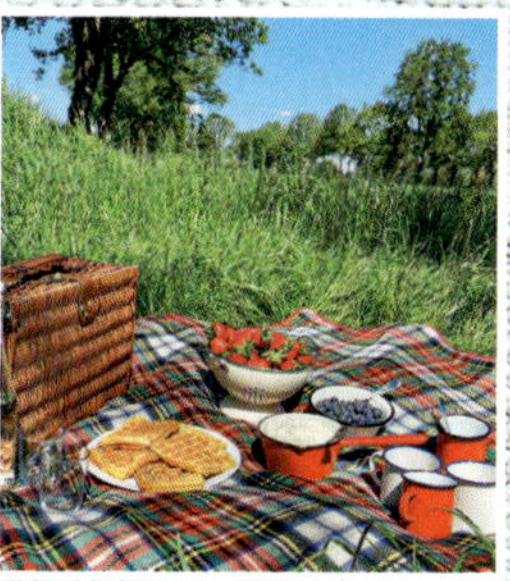

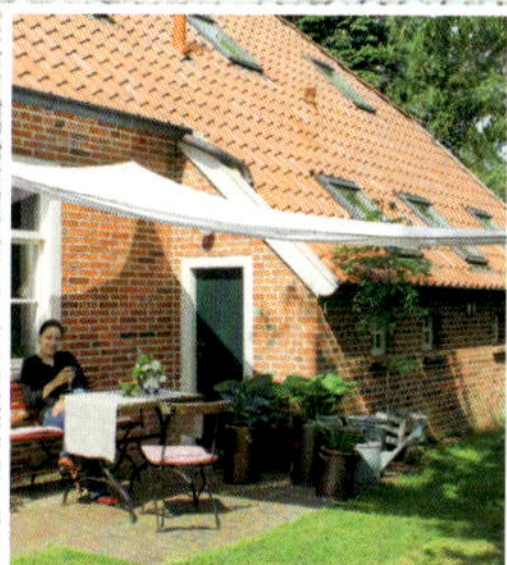

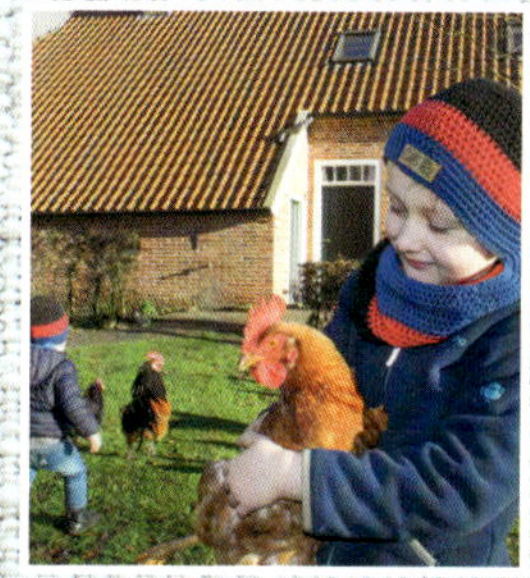

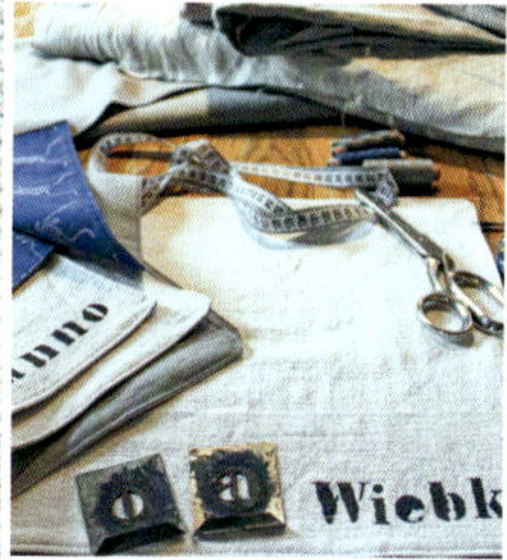

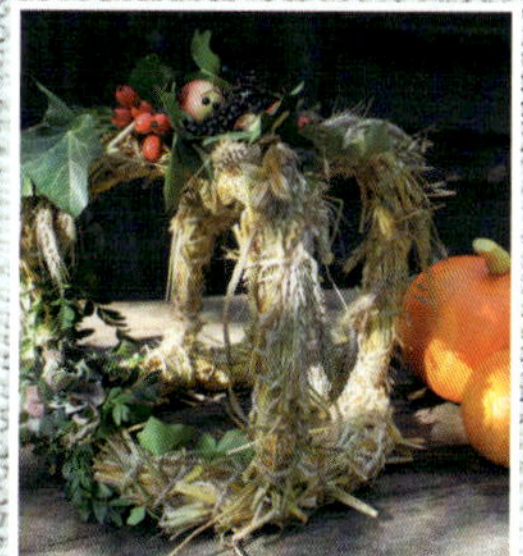

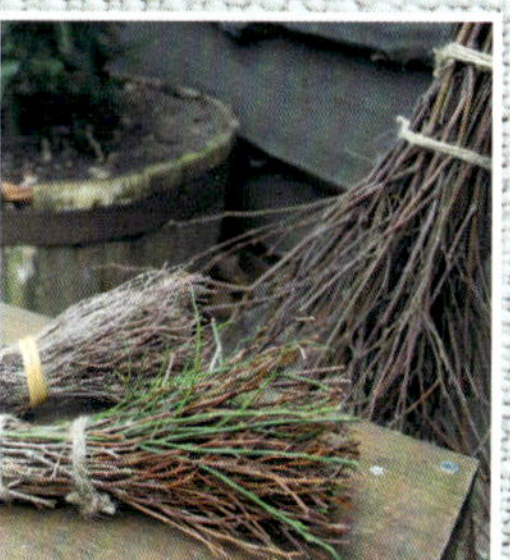

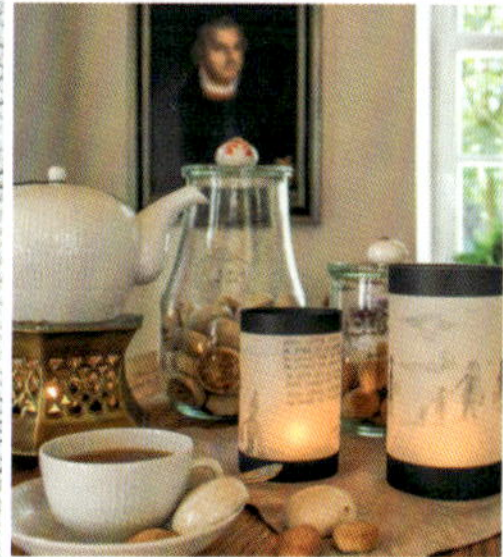

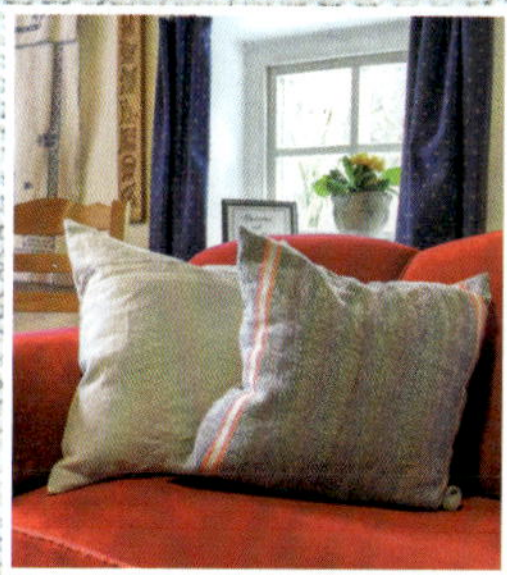

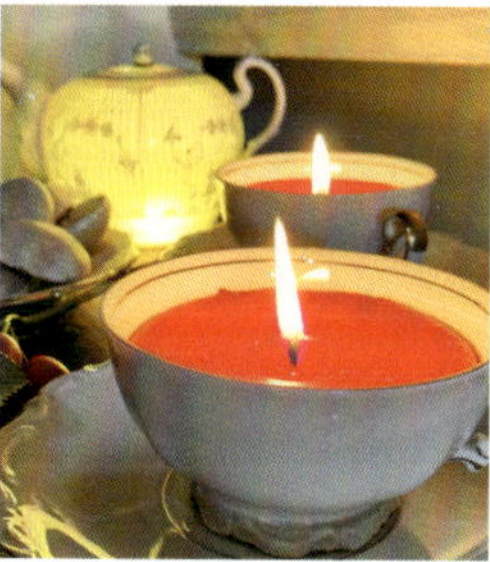

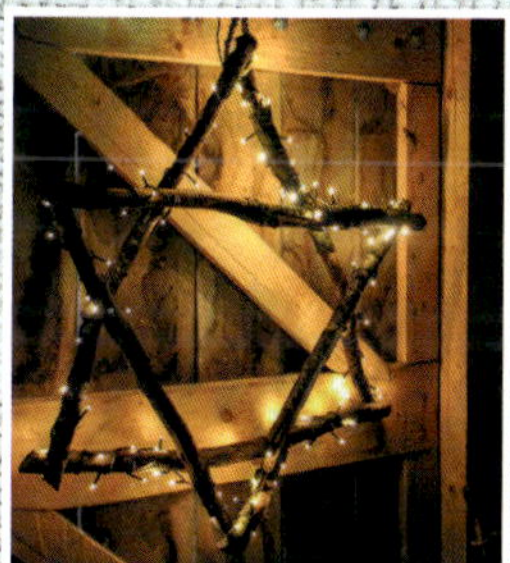

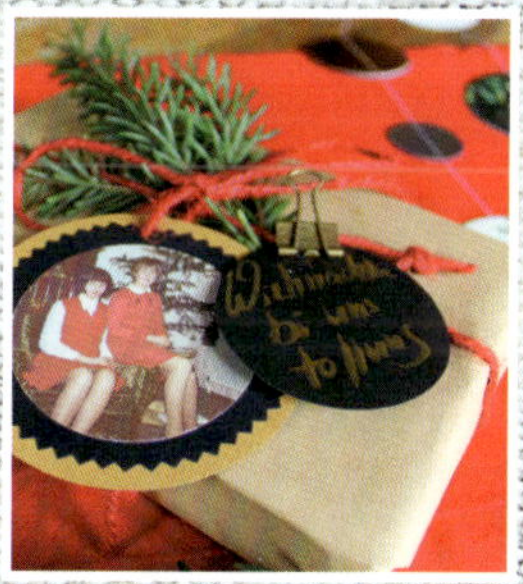

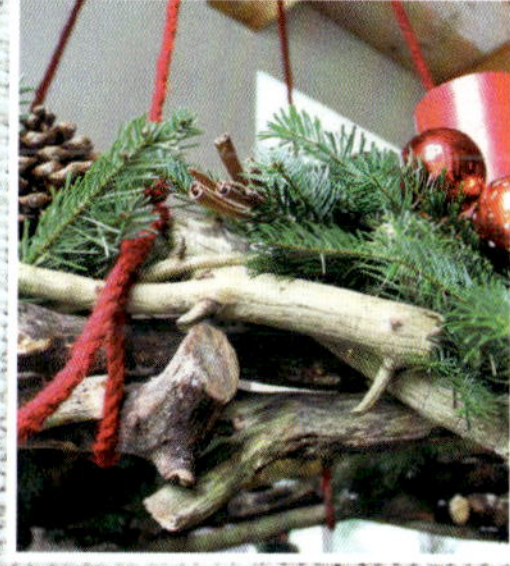

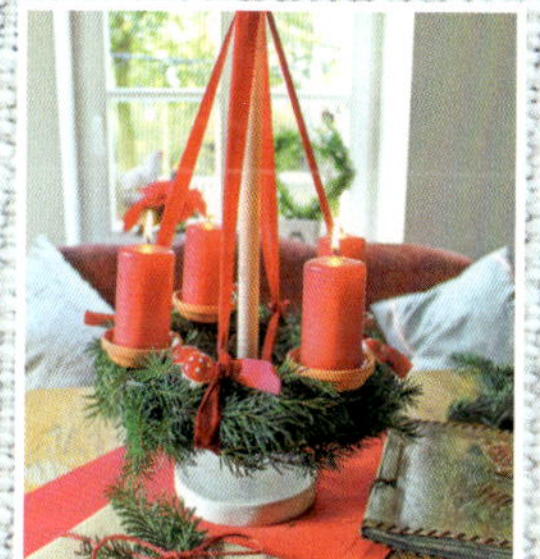

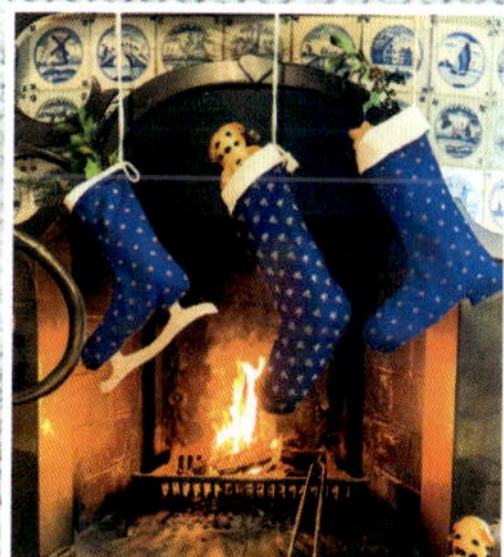

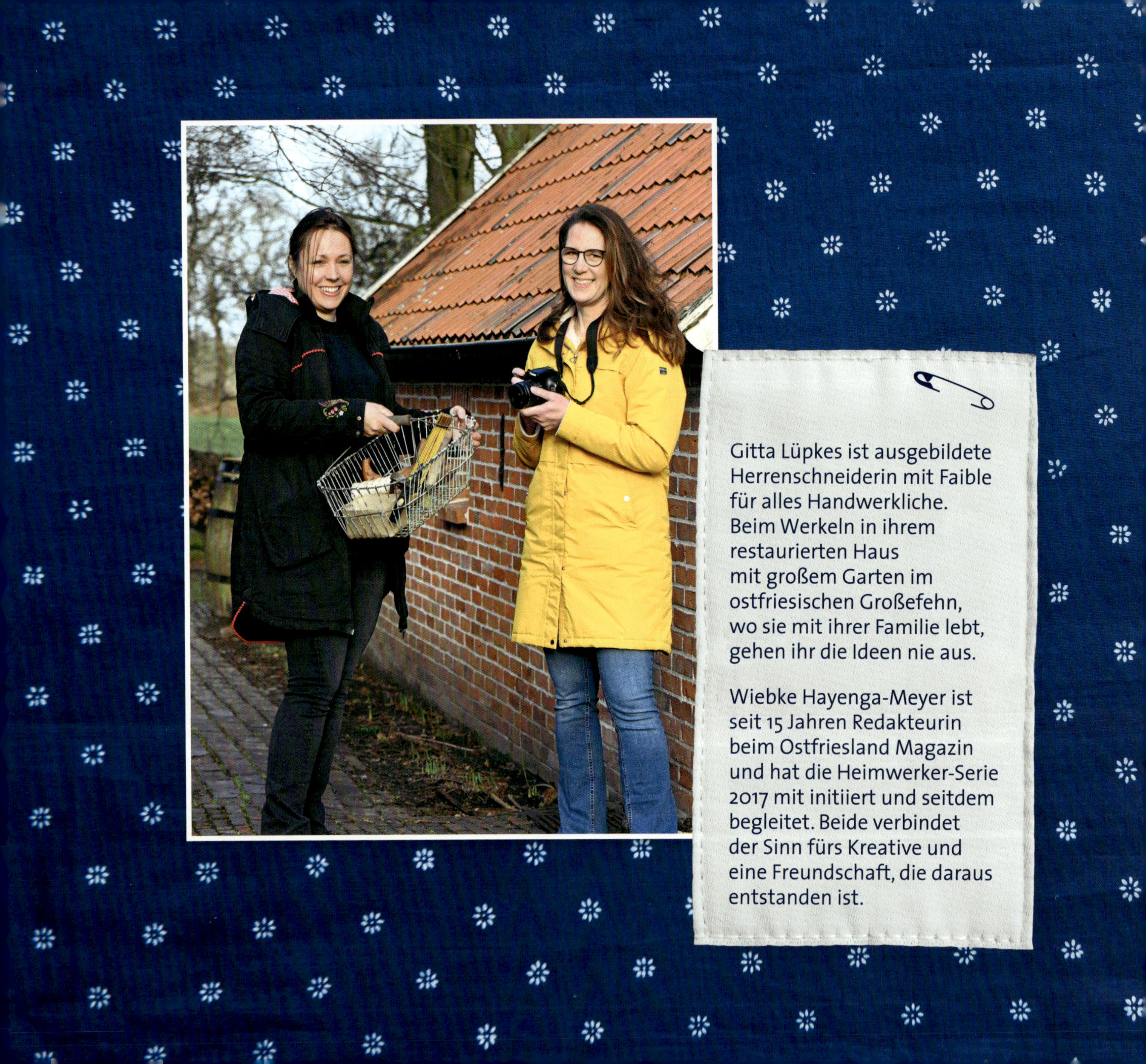

Gitta Lüpkes ist ausgebildete Herrenschneiderin mit Faible für alles Handwerkliche. Beim Werkeln in ihrem restaurierten Haus mit großem Garten im ostfriesischen Großefehn, wo sie mit ihrer Familie lebt, gehen ihr die Ideen nie aus.

Wiebke Hayenga-Meyer ist seit 15 Jahren Redakteurin beim Ostfriesland Magazin und hat die Heimwerker-Serie 2017 mit initiiert und seitdem begleitet. Beide verbindet der Sinn fürs Kreative und eine Freundschaft, die daraus entstanden ist.

Ein Wort vorweg

Handgemachtes hat einen besonderen Wert. Weil Liebe drin steckt und Zeit. Wer bastelt, handarbeitet oder werkelt, macht sich selbst und anderen ein Geschenk. Dazu möchte dieses Buch anregen. Die vorgestellten Ideen sind nachhaltig, unkompliziert – und ostfriesisch.

Ausgedacht hat sie sich Gitta Lüpkes, die gelernte Herrenschneiderin ist. Spätestens seit sie das Landarbeiterhaus ihrer Urgroßmutter im kleinen Ort Strackholt in der Gemeinde Großefehn vor dem Verfall gerettet und umgebaut hat, begeistert sie sich auch für alles andere Handwerkliche. Und für das Ostfriesische! Die Wertschätzung des Historischen und der Traditionen liegt der Ostfriesin am Herzen – im eigenen Haus und im Handwerk. Beim Kreativsein verbindet sie gern Altes mit Neuem. Material findet sie praktisch überall: alte Leinenstoffe und geblümte Bettwäsche in Omas Truhe, angeschlagene Fliesen und Geschirrstücke auf dem Dachboden, heimische Hölzer und Pflanzen in der Wallheckenlandschaft vor der Haustür, Muscheln und Strandgut an der nahen Nordseeküste. Manch ausrangiertes oder wiederentdecktes Stück ist viel zu schade für die Schublade oder zum Wegwerfen – daraus lässt sich noch etwas machen!

So entstehen Gebrauchsgegenstände und Dekoratives mit ganz eigenem Chic – landhausmäßig modern. Wiebke Hayenga-Meyer, ebenfalls heimatverbundene Ostfriesin mit Sinn für Kreatives, hat Gitta Lüpkes beim Heimwerkern fotografiert, die Ergebnisse mit ihr in Szene gesetzt und samt Anleitungen als Serie im Ostfriesland Magazin vorgestellt. Die schönsten Ideen sind in „Ostfriesland handgemacht“ nach Jahreszeiten zusammengefasst.

Viel Freude beim Mitmachen!

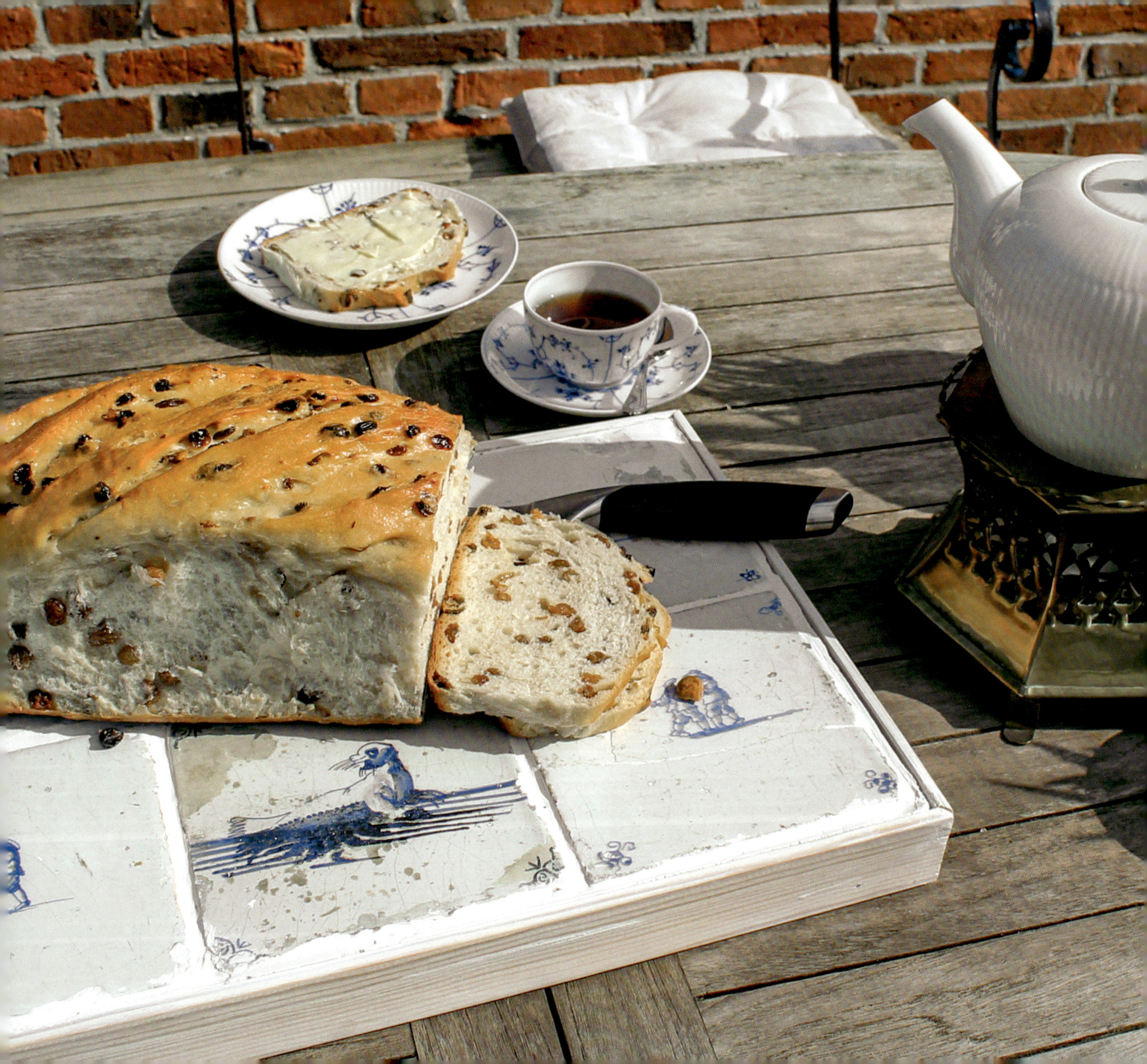

Servierbrett aus alten Fliesen

Die typischen weiß-blauen Delfter Fliesen mit Motiven von Landsknechten, Fabelwesen, springenden Tieren, Mühlen oder biblischen Szenen fand man früher häufig in den Kapitänshäusern und Bauernhöfen in Großefehn. Die Seefahrer vom Fehn brachten sie aus den Niederlanden mit. Heute bekommt man sie auf dem Flohmarkt oder im Internet. Gitta Lüpkes wurde auf dem Dachboden ihrer Eltern fündig und hat aus den Schmuckstücken ein dekoratives Servierbrett gefertigt.

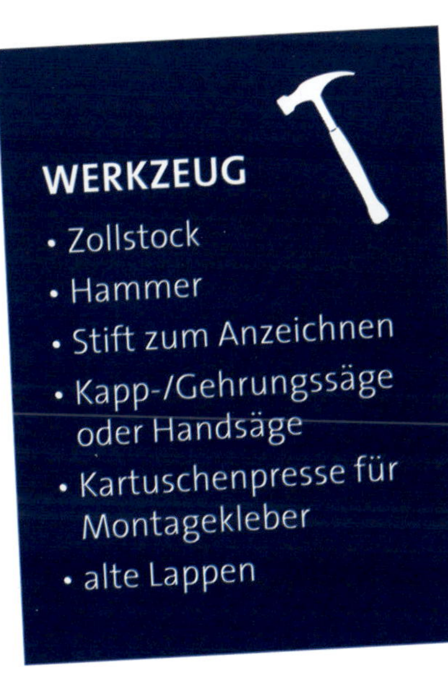

WERKZEUG

- Zollstock
- Hammer
- Stift zum Anzeichnen
- Kapp-/Gehrungssäge oder Handsäge
- Kartuschenpresse für Montagekleber
- alte Lappen

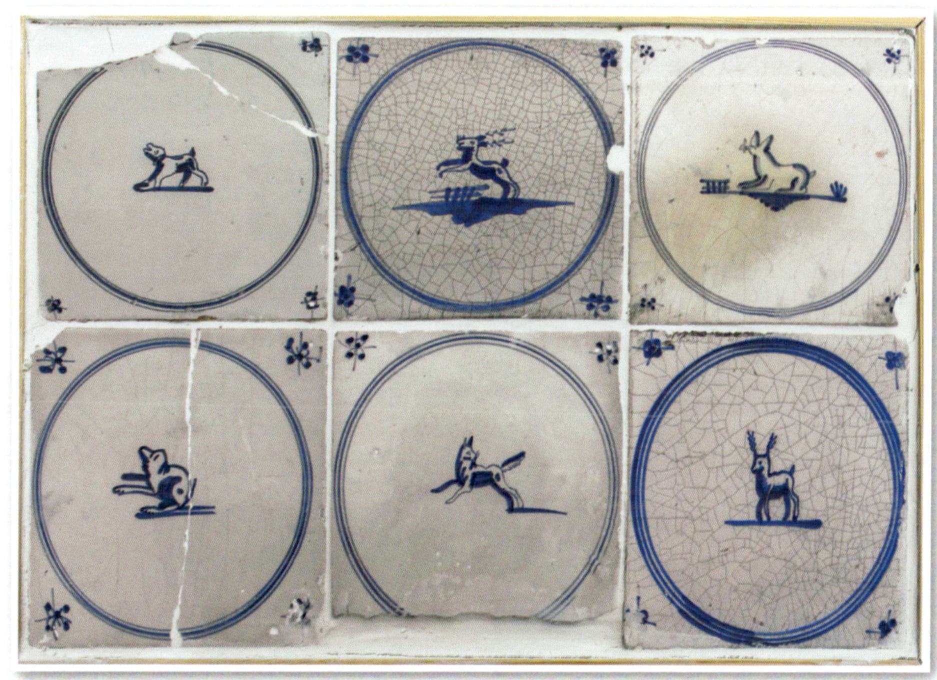

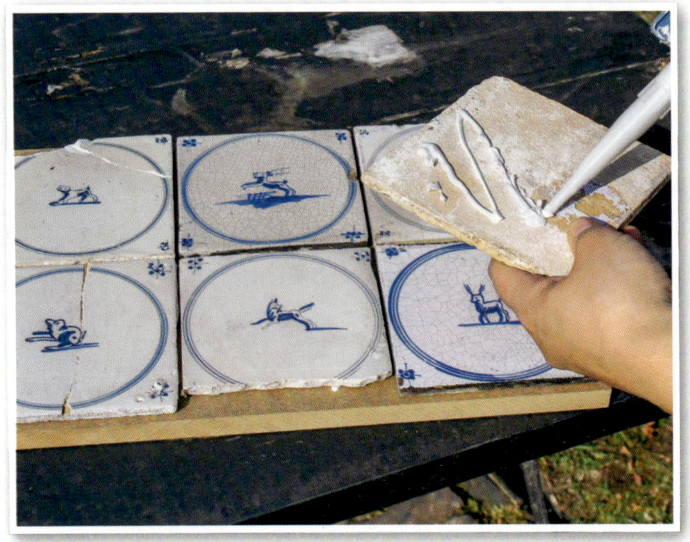

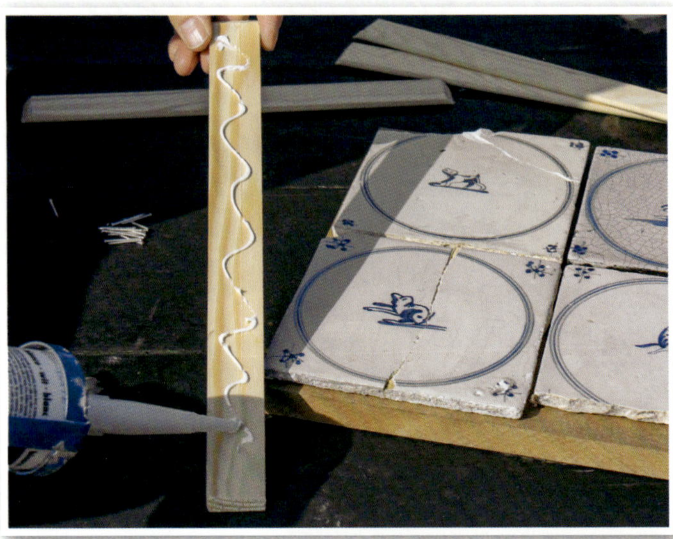

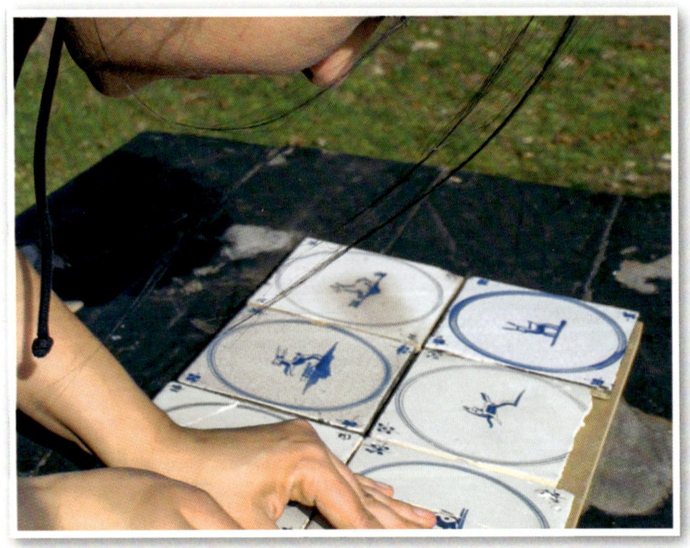

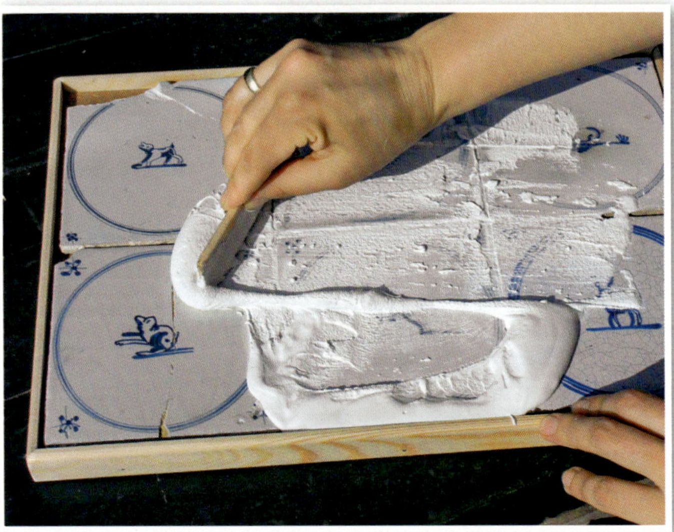

1. Die Fliesen (hier Delfter Fliesen aus dem 17. bis 19. Jahrhundert) auf dem zugeschnittenen Holzbrett (hier MDF-Platte) optisch passend anordnen. Die Rückseiten mit Montagekleber versehen und auf die Platte kleben. Dabei sollten sie zueinander und zum Rand hin etwa den gleichen Abstand haben. Über Nacht trocknen lassen.

2. Dann die Holzleisten so abmessen, dass sie außen im rechten Winkel aufeinandertreffen, und mit einer Säge zuschneiden. Die Leisten noch mit feinem Sandpapier abschleifen und anschließend mit kleinen Nägeln an der MDF-Platte befestigen (evtl. zusätzlich etwas Montagekleber verwenden).

3. Fliesenfugenmörtel nach Packungsanleitung anrühren und die Fugen damit versehen. Den Mörtel mithilfe eines Holzleisten-Reststücks so verteilen, dass alle Fugen gefüllt sind. Kurz abwarten, bis der nasse Mörtel seinen Glanz verliert und matt wird, dann mit einem nassen Lappen oder einem Schwamm die Reste vorsichtig von der Platte wischen, ohne die Fugen dabei auszuwaschen.

4. Den Mörtel trocknen lassen und das Servierbrett mit einem nassen Tuch abwischen. Wer mag, kann die Leisten noch mit einer passenden Holzlasur streichen.

MATERIAL

- 1 Brett (hier MDF 18 mm Stärke, 40 x 27 cm)
- alte Fliesen (hier 6 Stück), dürfen ruhig angeschlagen sein
- Montagekleber
- Fugenmörtel (hier in Weiß)
- 4 Holzleisten (passend zu den Seitenlängen des Brettes, die Höhe ergibt sich aus der Dicke der Platte und der Fliesendicke plus ca. 2 mm Montagekleber)
- 12 kleine Nägel (Sockelleistenstifte)
- feines Schleifpapier

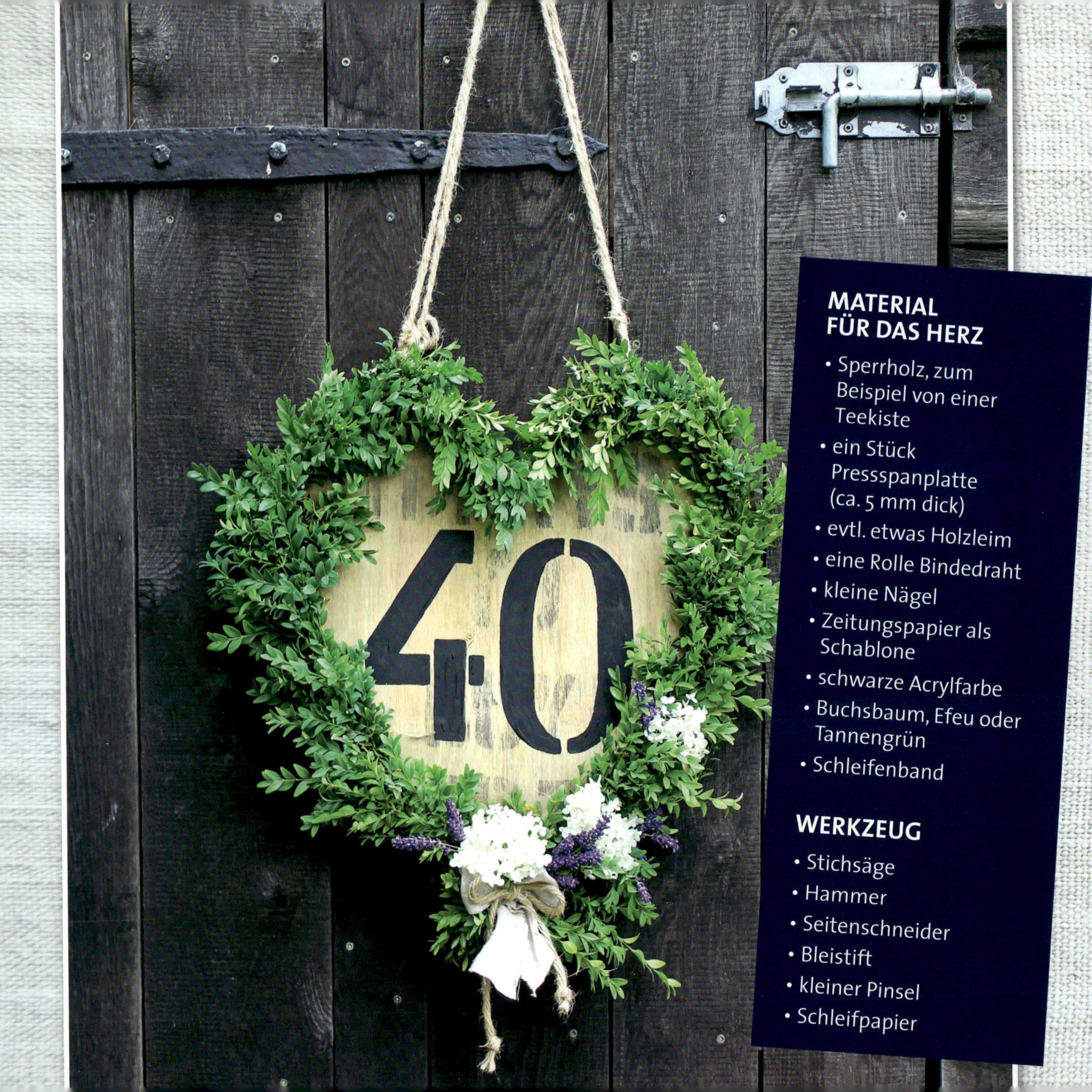

MATERIAL FÜR DAS HERZ

- Sperrholz, zum Beispiel von einer Teekiste
- ein Stück Pressspanplatte (ca. 5 mm dick)
- evtl. etwas Holzleim
- eine Rolle Bindedraht
- kleine Nägel
- Zeitungspapier als Schablone
- schwarze Acrylfarbe
- Buchsbaum, Efeu oder Tannengrün
- Schleifenband

WERKZEUG

- Stichsäge
- Hammer
- Seitenschneider
- Bleistift
- kleiner Pinsel
- Schleifpapier

Efeubogen und Kreppblumen

Das Bogenmachen hat in Ostfriesland Tradition. Ob Einzug, runder Geburtstag oder Hochzeitsjubiläum: Papierblumen und frisches Grün gehören immer dazu. Wir haben den Klassiker neu arrangiert. Bogen, Herz und Blumen sind einfach und schnell gemacht und teilweise wiederverwendbar – wenn das nächste große Fest naht.

1. Ein schönes, großes Holzbrett wählen (hier die Seite einer Teekiste mit einer Spanplatte verklebt). Herzschablone aus Zeitungspapier herstellen und auf die Holzplatte übertragen. Herz mit Stichsäge aussägen, Kanten anschleifen.

2. Kleine Nägel im Abstand von 2 bis 4 cm ca. 0,5 cm vom Rand entfernt in das Holzbrett schlagen. Danach etwas versetzt eine weitere Reihe Nägel anbringen.

3. Den Draht erst um die äußeren Nägel führen, dann im Zickzack auch um die inneren. Mit der Acrylfarbe eine Zahl aufmalen.

4. Zum Schluss das Grün im Drahtgeflecht befestigen. Mit einer Schleife oder Blumen dekorieren. Das Herz kann immer wieder neu bestückt werden.

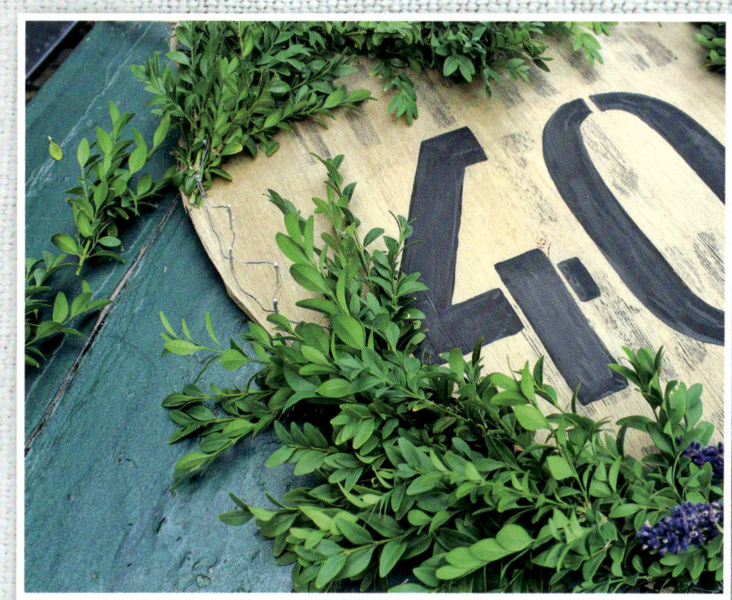

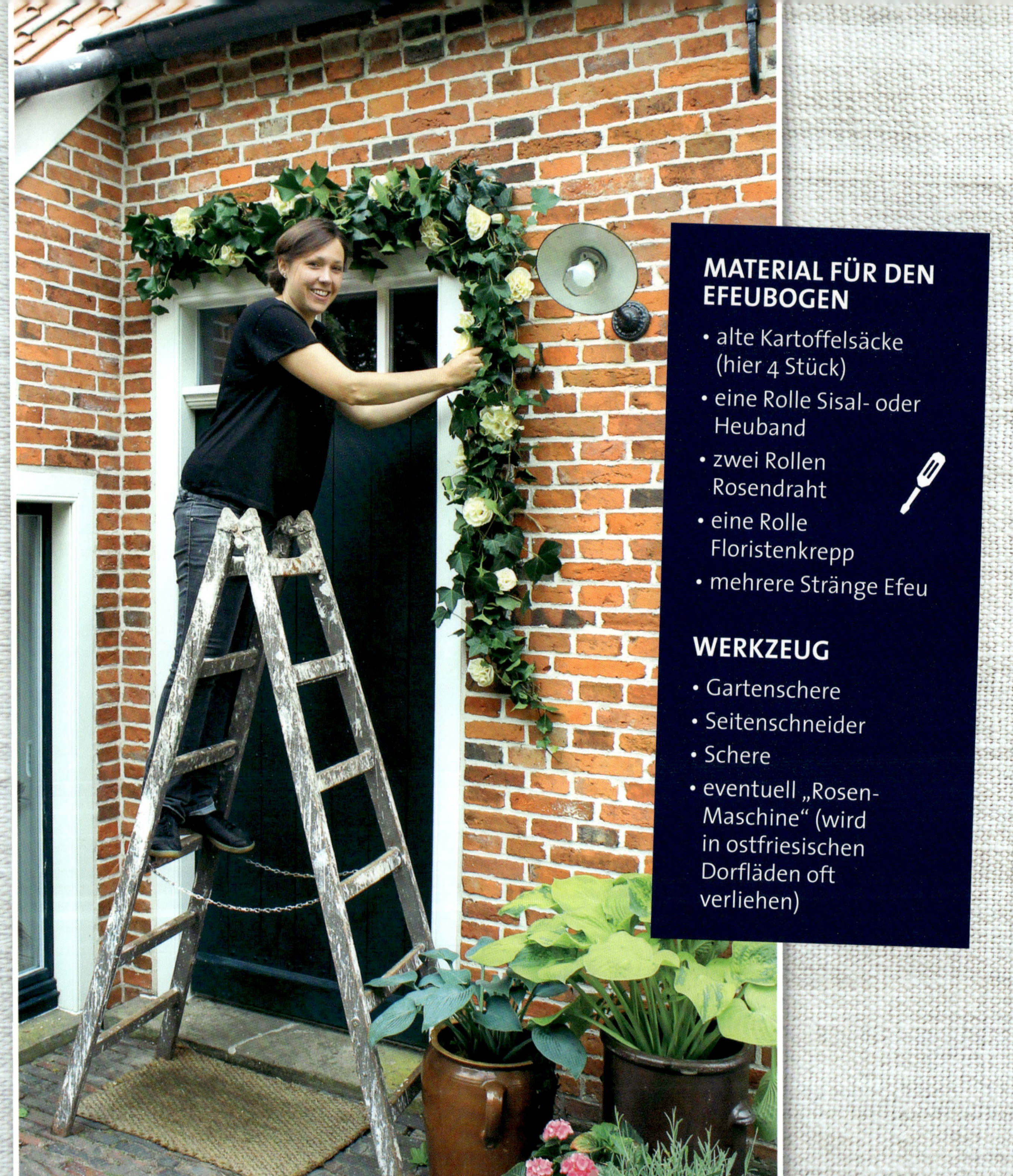

MATERIAL FÜR DEN EFEUBOGEN

- alte Kartoffelsäcke (hier 4 Stück)
- eine Rolle Sisal- oder Heuband
- zwei Rollen Rosendraht
- eine Rolle Floristenkrepp
- mehrere Stränge Efeu

WERKZEUG

- Gartenschere
- Seitenschneider
- Schere
- eventuell „Rosen-Maschine“ (wird in ostfriesischen Dorfläden oft verliehen)

1. Die Säcke werden der Länge nach aneinandergereiht und mit Sisalband zu einem dicken Strang umwickelt. Die Enden der Säcke ein wenig ineinanderschieben.

2. Nun mehrere Stränge Efeu zusammenfassen und mit dem Rosendraht um die Jutegirlande wickeln.

3. Rosen in verschiedenen Größen herstellen (eventuell mit der Maschine) und mit Rosendraht am Bogen befestigen.

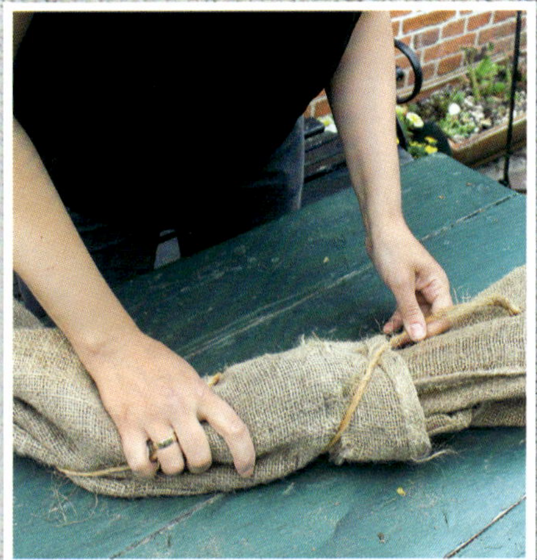

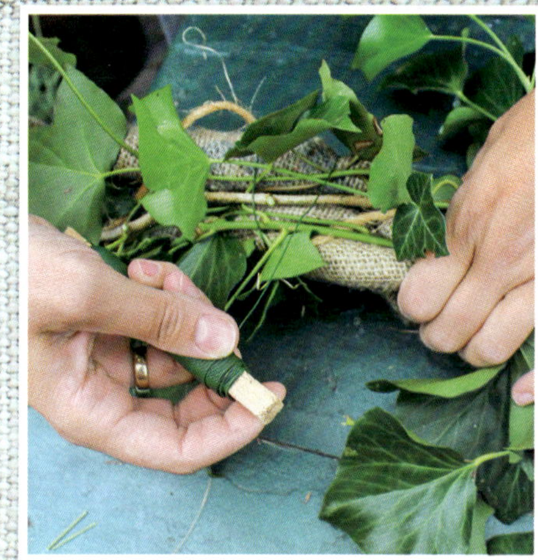

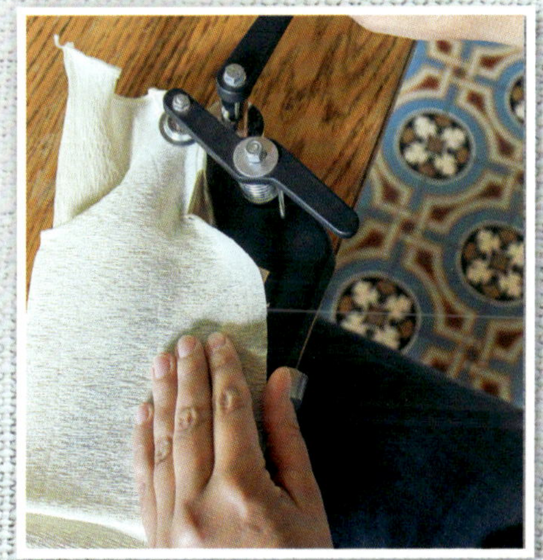

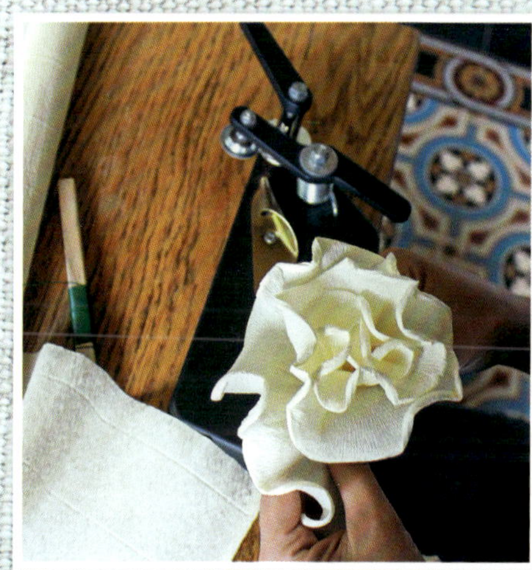

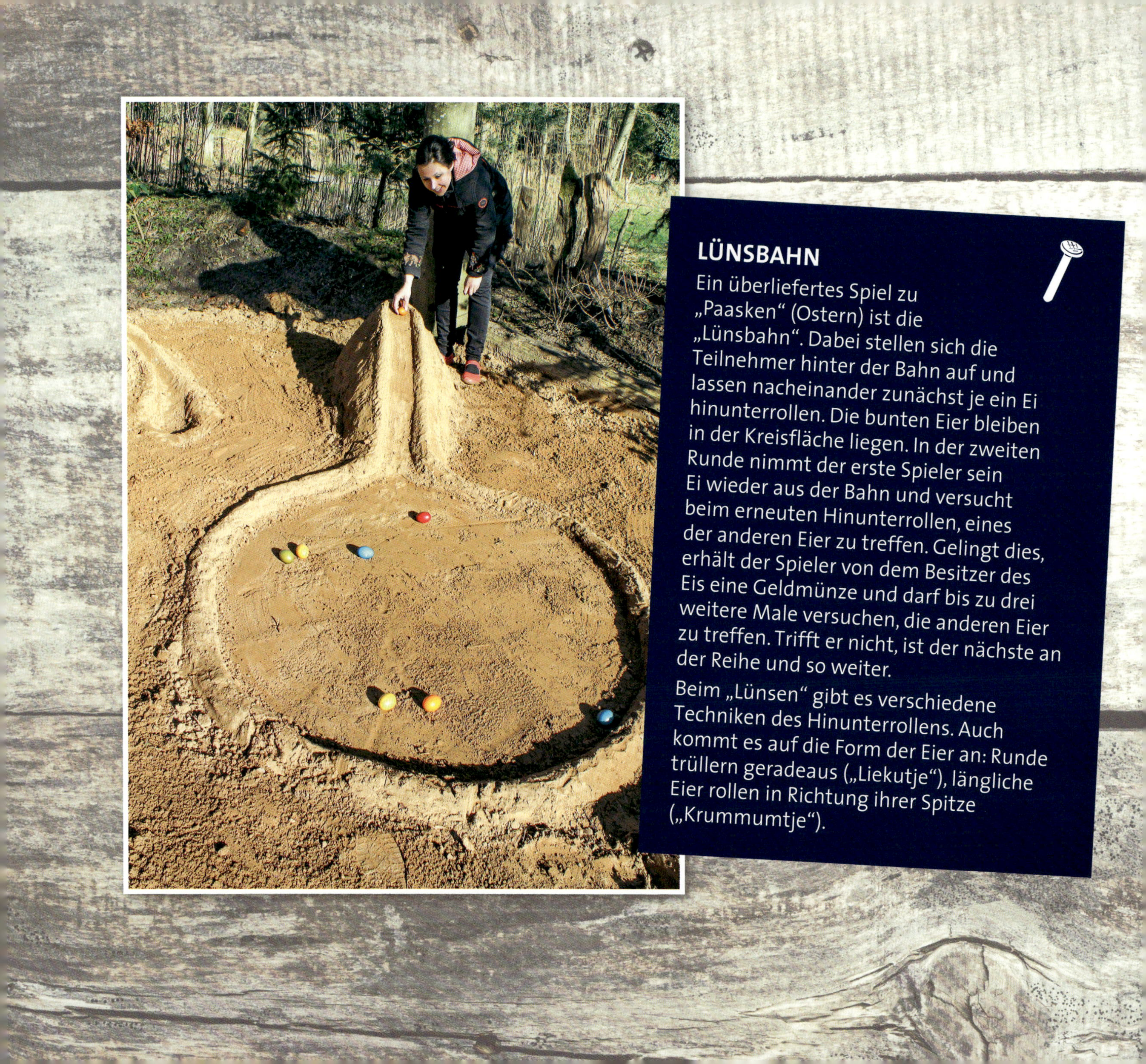

LÜNSBAHN

Ein überliefertes Spiel zu „Paasken“ (Ostern) ist die „Lünsbahn“. Dabei stellen sich die Teilnehmer hinter der Bahn auf und lassen nacheinander zunächst je ein Ei hinunterrollen. Die bunten Eier bleiben in der Kreisfläche liegen. In der zweiten Runde nimmt der erste Spieler sein Ei wieder aus der Bahn und versucht beim erneuten Hinunterrollen, eines der anderen Eier zu treffen. Gelingt dies, erhält der Spieler von dem Besitzer des Eis eine Geldmünze und darf bis zu drei weitere Male versuchen, die anderen Eier zu treffen. Trifft er nicht, ist der nächste an der Reihe und so weiter.

Beim „Lünsen“ gibt es verschiedene Techniken des Hinunterrollens. Auch kommt es auf die Form der Eier an: Runde trüllern geradeaus („Liekutje“), längliche Eier rollen in Richtung ihrer Spitze („Krummumtje“).

OSTERSPIELE:
Eierbahn und Eierschleuder

Zu den ostfriesischen Osterbräuchen gehören auch verschiedene Spiele, die nicht nur Kindern Spaß machen, zum Beispiel die „Lünsbahn“ und der „Slingerleerlapp“. Lassen Sie die schönen alten Traditionen doch mal wieder aufleben!

1. Für die Lünsbahn Sand auf ca. 60 cm Höhe anhäufen, davon abschüssig eine ca. 120 cm lange Bahn formen. Den Hügel und die Seiten mit den Händen und der Schaufel anklopfen. Mithilfe einer kleinen Schaufel oder eines kleinen Glases eine Rinne in die Bahn formen.

2. Am Ende der Bahn einen 1,50 Meter großen Kreis markieren und mit einem 6 cm hohen Rand als Begrenzung versehen. Danach die Fläche mit einem Holzbrett glattziehen.

3. Auf ähnliche Weise lassen sich Trüllerbahnen auf Spielplätzen, im Wald (zum Beispiel in Hesel oder Aurich-Wallinghausen) oder auf anderen sandigen Böden bauen. Einfach Rinnen formen, sodass die Eier hinunter „trüllern“ können. Wer mag, kann auch alte Tonrohre als Tunnel mit einarbeiten.

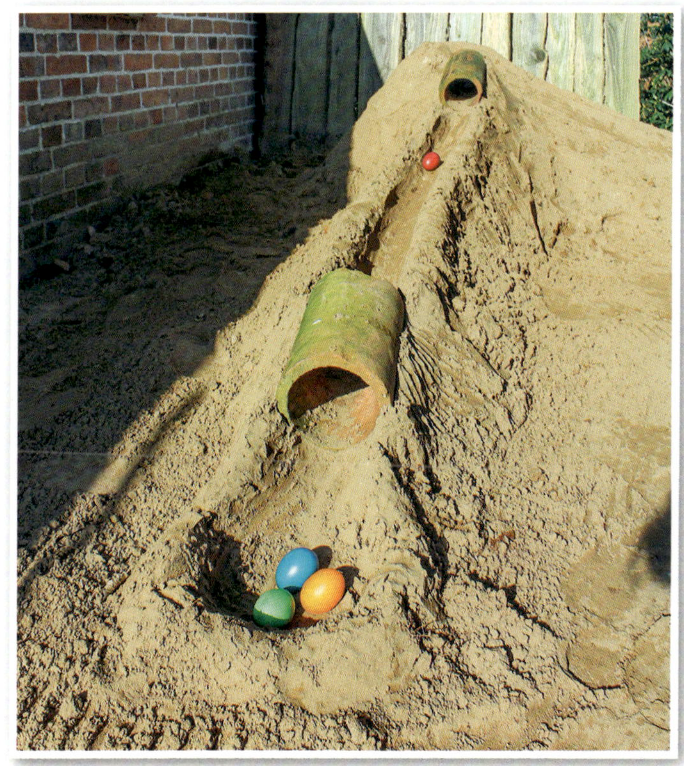

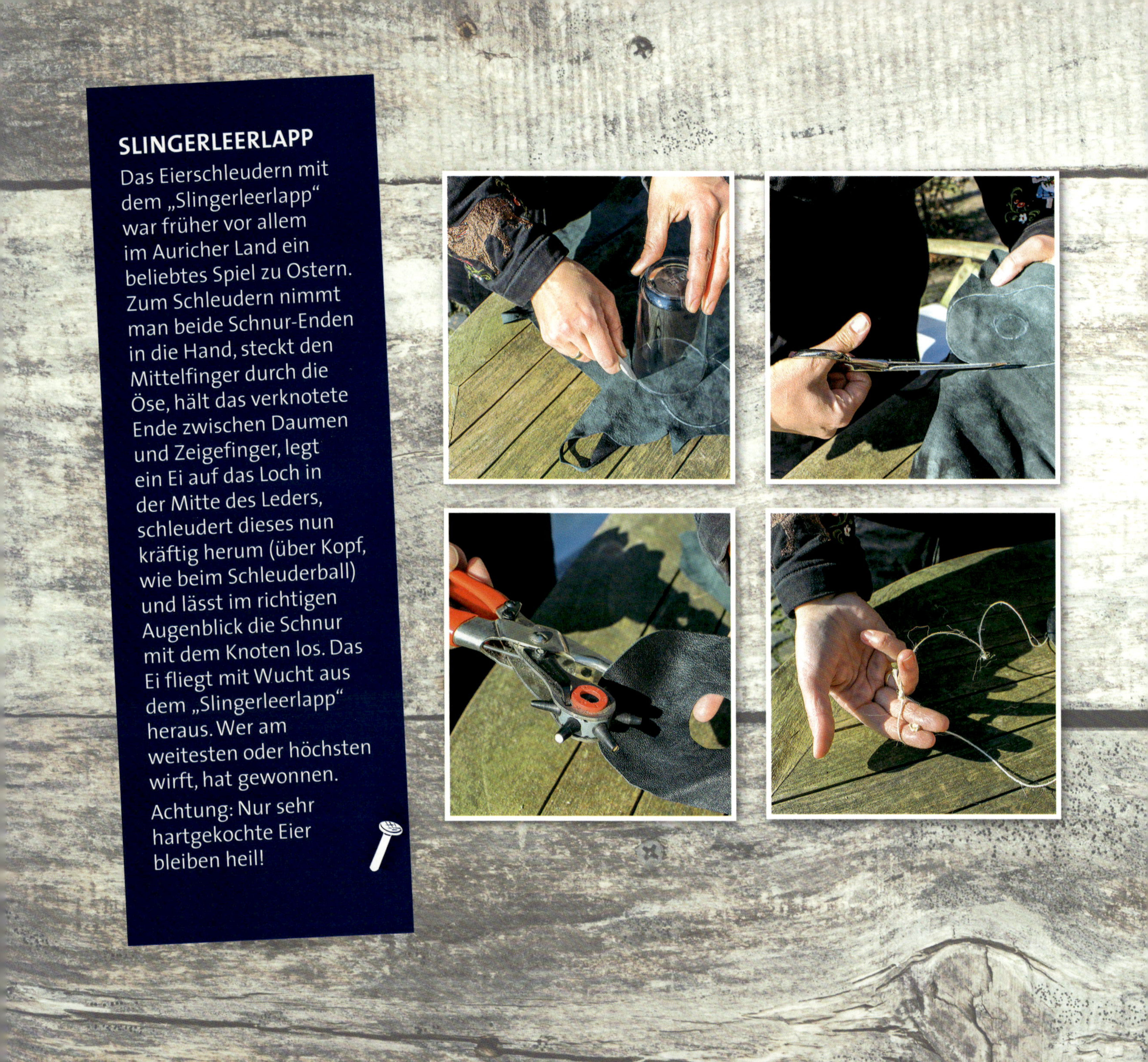

SLINGERLEERLAPP

Das Eierschleudern mit dem „Slingerleerlapp" war früher vor allem im Auricher Land ein beliebtes Spiel zu Ostern. Zum Schleudern nimmt man beide Schnur-Enden in die Hand, steckt den Mittelfinger durch die Öse, hält das verknotete Ende zwischen Daumen und Zeigefinger, legt ein Ei auf das Loch in der Mitte des Leders, schleudert dieses nun kräftig herum (über Kopf, wie beim Schleuderball) und lässt im richtigen Augenblick die Schnur mit dem Knoten los. Das Ei fliegt mit Wucht aus dem „Slingerleerlapp" heraus. Wer am weitesten oder höchsten wirft, hat gewonnen.

Achtung: Nur sehr hartgekochte Eier bleiben heil!

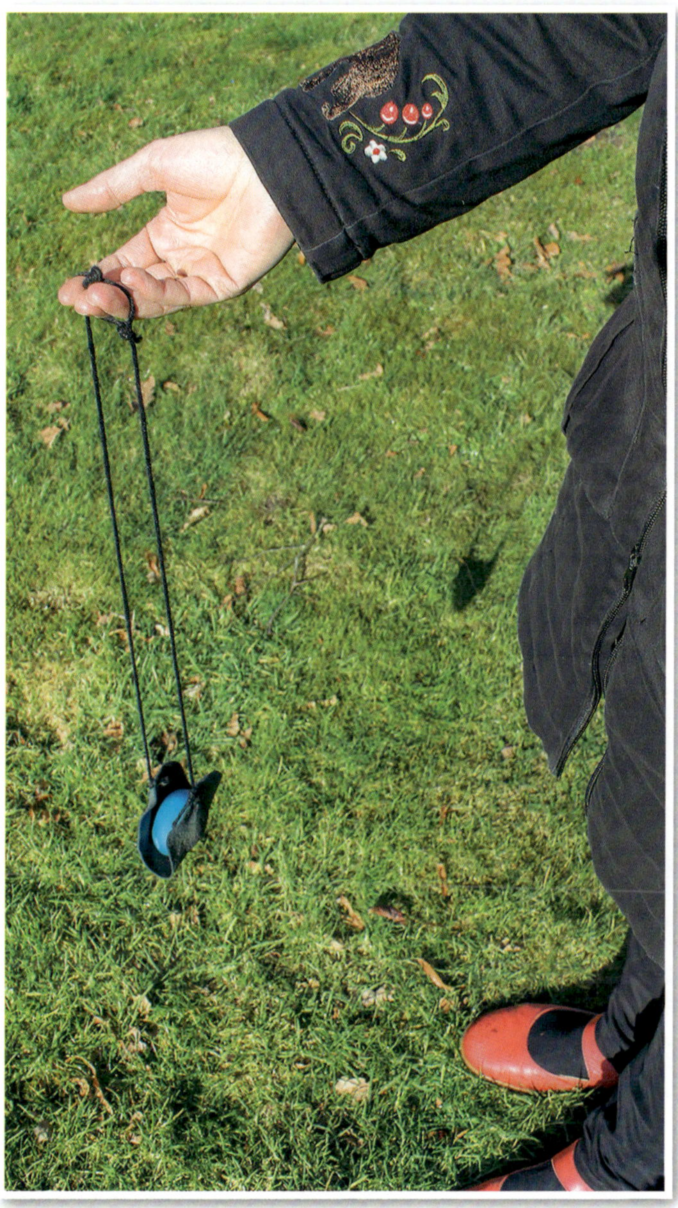

1. Für die Eierschleuder zuerst mithilfe eines Glases ein Oval anzeichnen (zwei Kreise untereinander, dann die Seiten mit zwei Strichen verbinden), das Oval ausschneiden. Mittig davon ein ca. 2 cm großes Loch für das Ei anzeichnen und ausschneiden. Jeweils an den langen Enden mit einer Lochzange oder einem Pfriem ein kleines Loch stanzen.

2. Nun die feste Schnur (jeweils 50 cm) durch die Löcher ziehen und gut mit dem Leder verknoten. An das Ende der einen Schnur eine Schlaufe knoten, in die zwei Finger passen, an das Ende der anderen kommt ein dicker Knoten zum Festhalten. Beide Schnüre müssen ungefähr gleich lang sein.

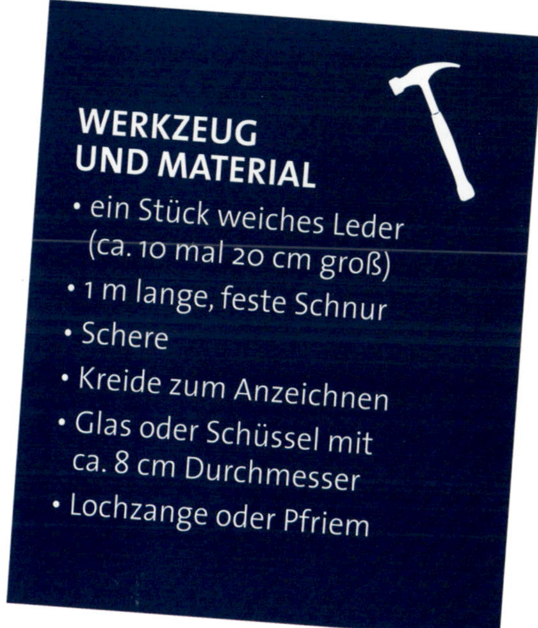

WERKZEUG UND MATERIAL

- ein Stück weiches Leder (ca. 10 mal 20 cm groß)
- 1 m lange, feste Schnur
- Schere
- Kreide zum Anzeichnen
- Glas oder Schüssel mit ca. 8 cm Durchmesser
- Lochzange oder Pfriem

Natürlich gefärbte Ostereier

Schon Großmutter färbte zu Ostern Eier mit Zwiebelschalen, Roter Bete und Brennnesseln. Mit einem kleinen Trick und ausgedienten Nylonstrümpfen lassen sich florale Motive darauf zaubern.

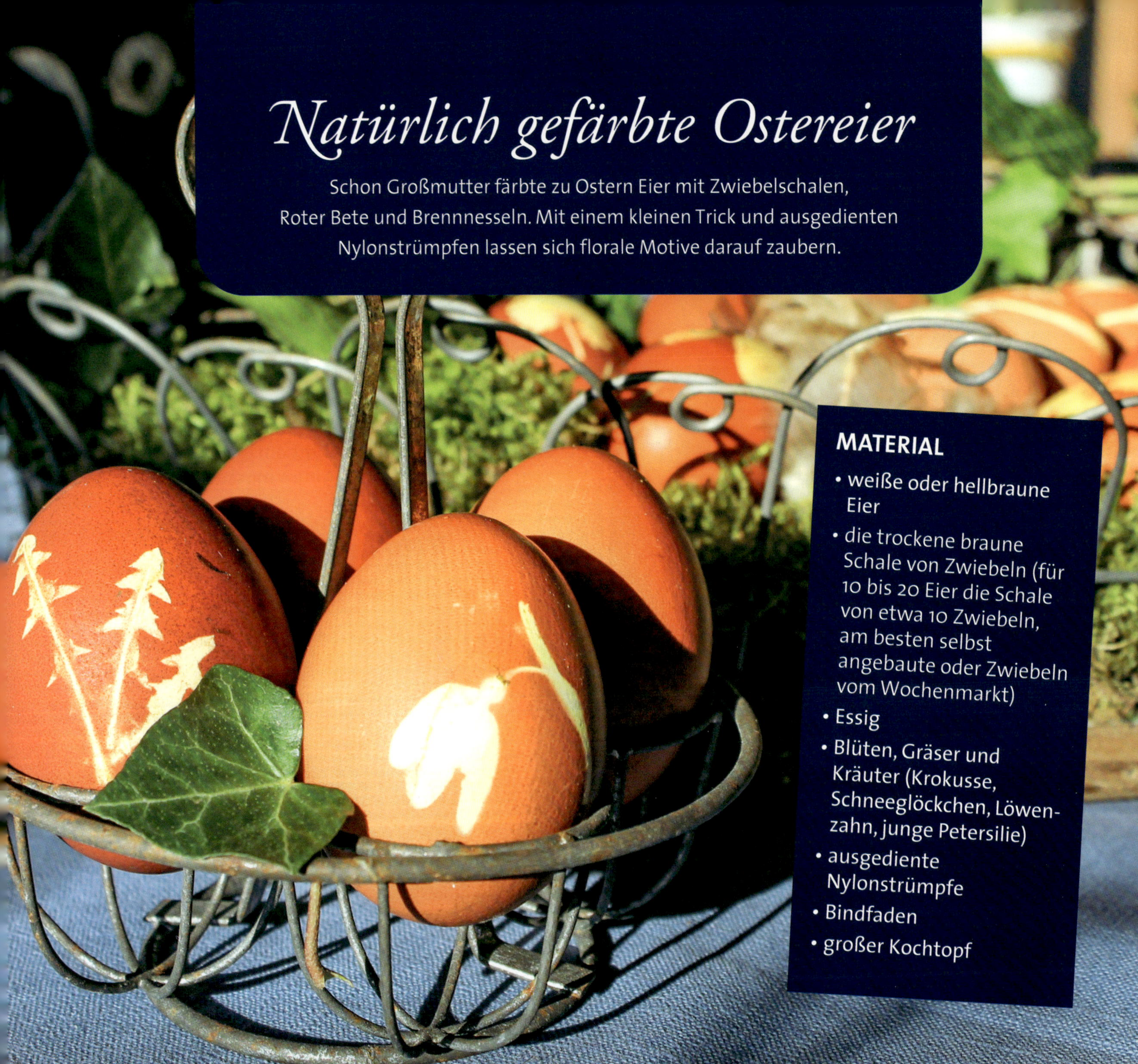

MATERIAL

- weiße oder hellbraune Eier
- die trockene braune Schale von Zwiebeln (für 10 bis 20 Eier die Schale von etwa 10 Zwiebeln, am besten selbst angebaute oder Zwiebeln vom Wochenmarkt)
- Essig
- Blüten, Gräser und Kräuter (Krokusse, Schneeglöckchen, Löwenzahn, junge Petersilie)
- ausgediente Nylonstrümpfe
- Bindfaden
- großer Kochtopf

1. Die Zwiebelschale (hier von etwa 10 Stück) in einen großen Kochtopf mit etwa 2,5 bis 3 Liter Wasser geben. Das Ganze kurz aufkochen und einen Esslöffel Essig hinzufügen. Das Zwiebelwasser bei niedriger Hitze weiter köcheln lassen und die Eier vorbereiten.

2. Hierfür ein ungekochtes Ei nehmen und eine Blüte mittig auf dem Ei positionieren. Nun vorsichtig ein zurechtgeschnittenes Stück vom Nylonstrumpf über das Ei ziehen, sodass die Blüte fixiert wird. Auf der Rückseite den Stoff eindrehen, bis er fest das Ei umschließt. Nun mit einem Bindfaden verknoten.

3. Jetzt kann das Ei in das Zwiebelwasser gelegt werden. Für ein schönes sattes Braun benötigt das Ei eine Kochzeit von etwa 30 Minuten. Zwischendurch vorsichtig umrühren, damit die Farbe gleichmäßig an das Ei gelangt. Zum Schluss das Stück Stoff samt Blüte entfernen.

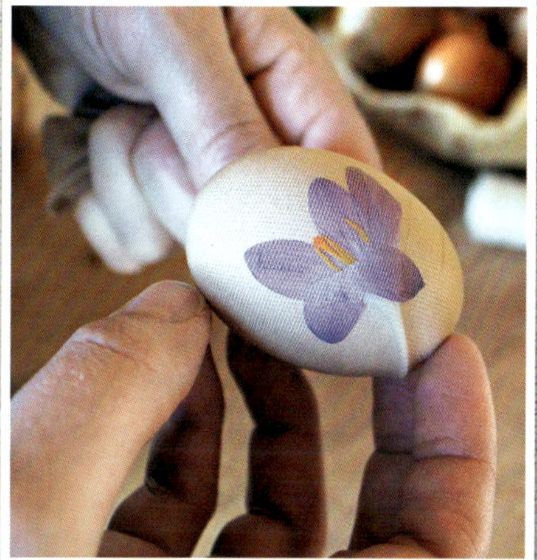

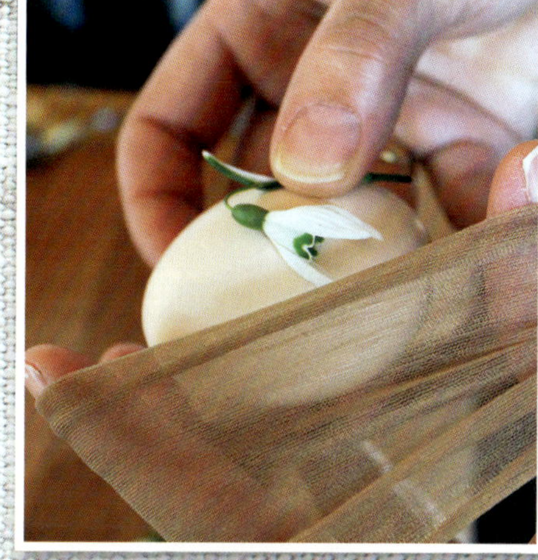

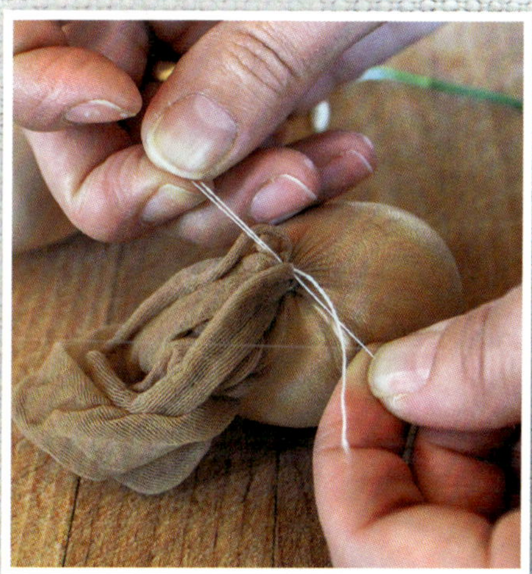

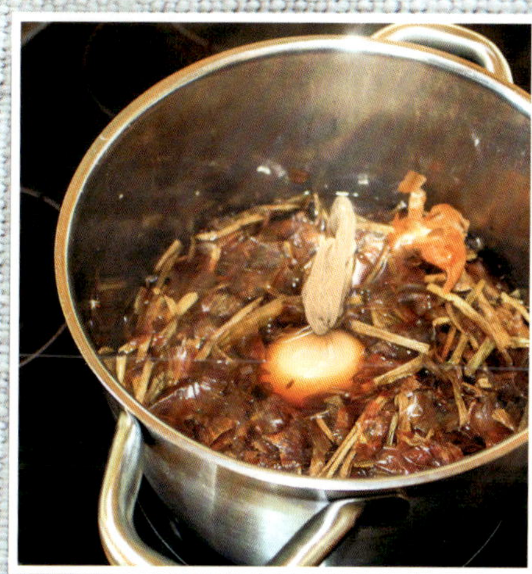

TIPP: Nach dem Färben die Eier mit einem in Öl getränkten Tuch oder mit Speck einreiben. Das gibt einen schönen Glanz!

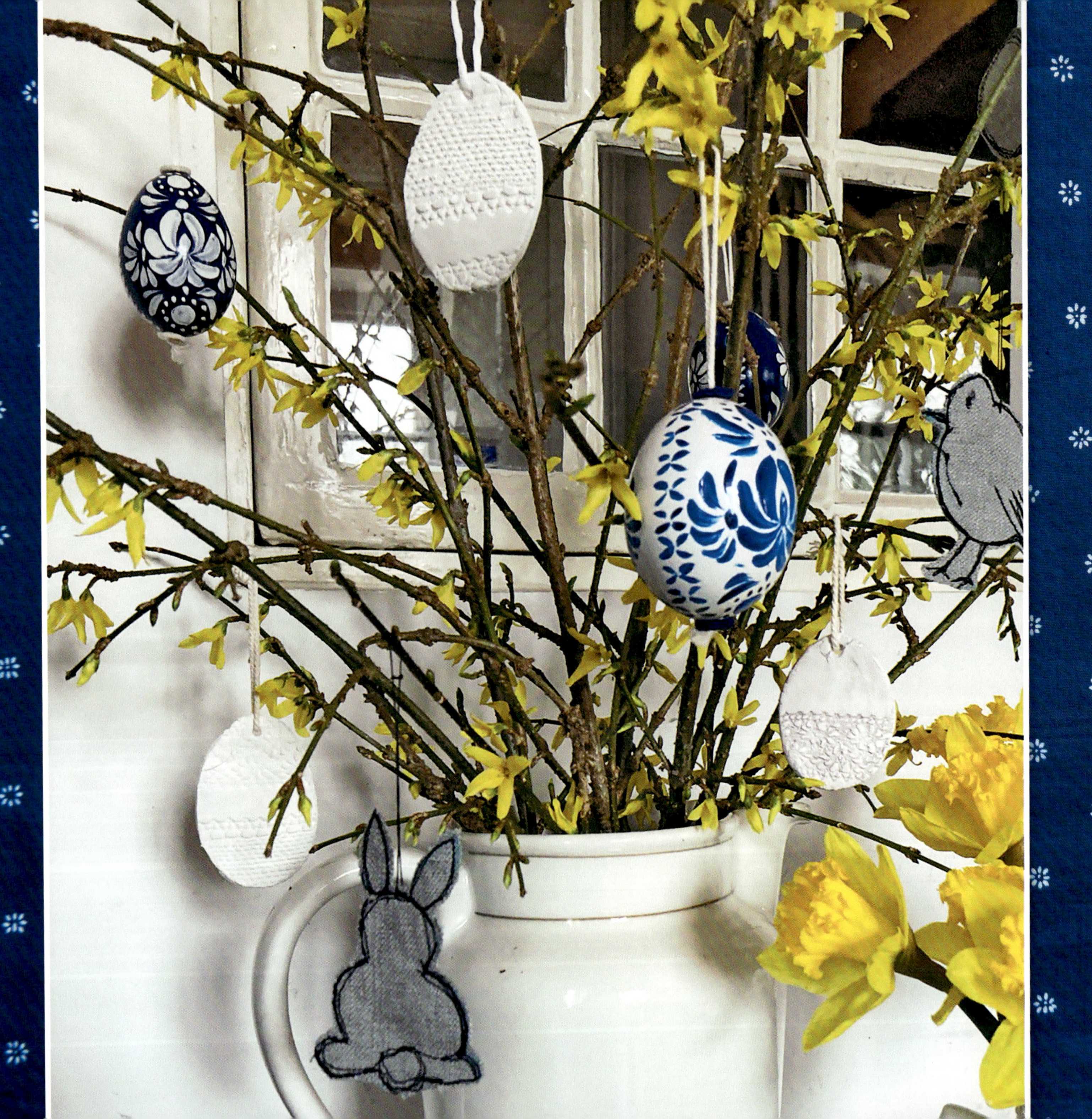

Schönes für den Osterstrauch

Traditionell holt man sich in Ostfriesland vor Ostern Forsythien-Zweige ins Haus, die in der warmen Stube Blätter und Blüten austreiben. Als Schmuck sehen nicht nur bemalte Eier schön aus. Aus Omas alter Spitze lassen sich gemusterte Anhänger fertigen und aus Leinen frühlingshafte Figuren nähen – kinderleicht und mit tollem Effekt.

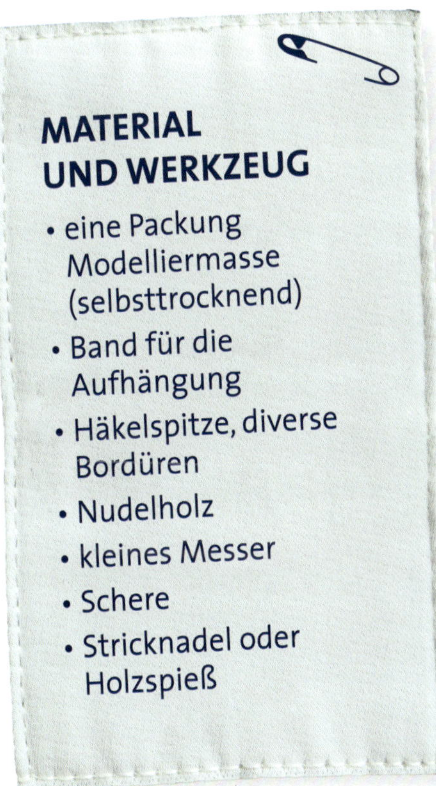

MATERIAL UND WERKZEUG

- eine Packung Modelliermasse (selbsttrocknend)
- Band für die Aufhängung
- Häkelspitze, diverse Bordüren
- Nudelholz
- kleines Messer
- Schere
- Stricknadel oder Holzspieß

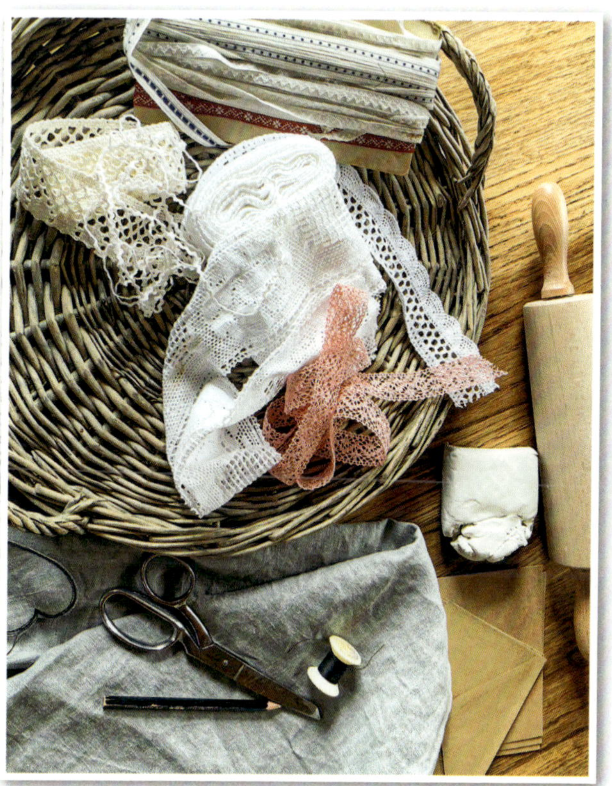

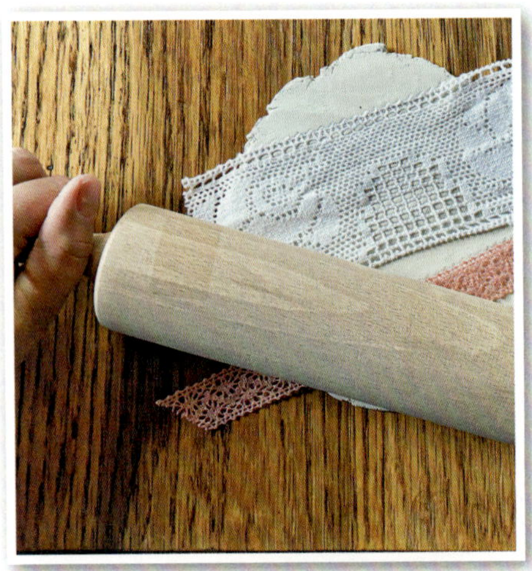

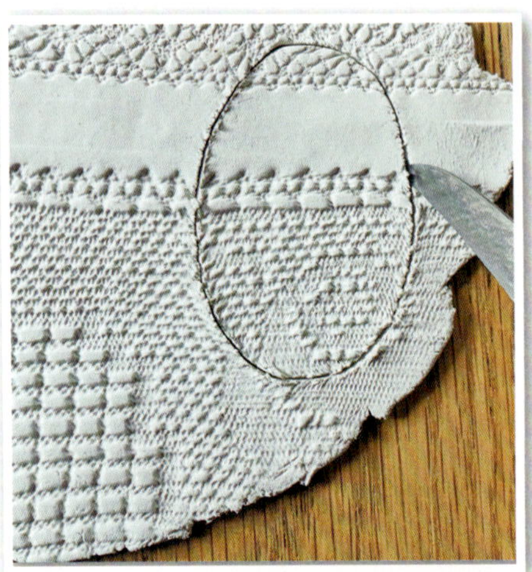

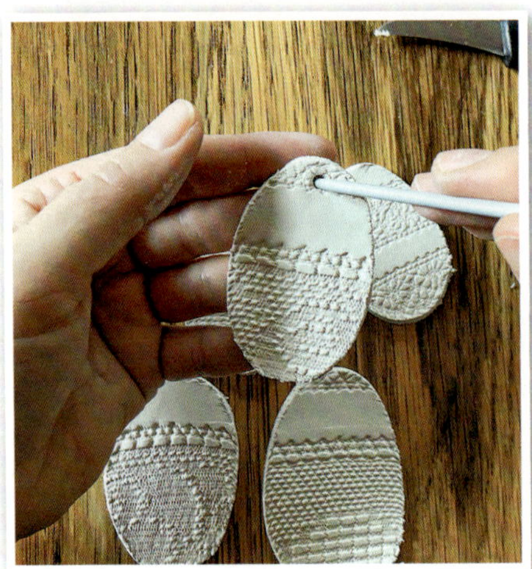

OSTEREIER-ANHÄNGER MIT SPITZENMUSTER

1. Das Prinzip dieser Bastelei ist wie Plätzchenbacken: Die Modelliermasse mit dem Nudelholz auf ca. 3 mm Dicke ausrollen.

2. Dann die Bordüren darauf platzieren und erneut walzen, sodass ein Muster entsteht.

3. Nach Belieben Eiformen mit dem Messer in die Masse schneiden. Wer das nicht freihand machen möchte, kann auch vorsichtig eine Papierschablone auflegen.

4. Die Ränder der Eier mit dem Finger etwas glätten, mit der Stricknadel ein Loch für die Aufhängung stechen und trocknen lassen. Zum Schluss noch die Bändchen anbringen.

GENÄHTE ANHÄNGER

1. Ganz einfach gemacht sind auch diese österlichen Anhänger aus Stoff. Ein kleines Stück Stoff von ca. 12 mal 6 cm Größe mittig falten und doppelt legen.
2. Mit weichem Bleistift ein Motiv (zum Beispiel Hase, Küken, Herz oder Blume) aufzeichnen und dies mit der Nähmaschine (Steppstich ca. 3 mm Stichlänge) etwa vier- bis fünfmal nachnähen.
3. Dabei ruhig ein wenig ungenau sein, damit der Zeichen-Effekt entsteht. Die Figuren dann mit der Stoffschere knapp neben dem äußersten Steppstich entlang der Form ausschneiden.
4. Zum Schluss mit einer Handnähnadel ein Stück Garn als Aufhänger anbringen.

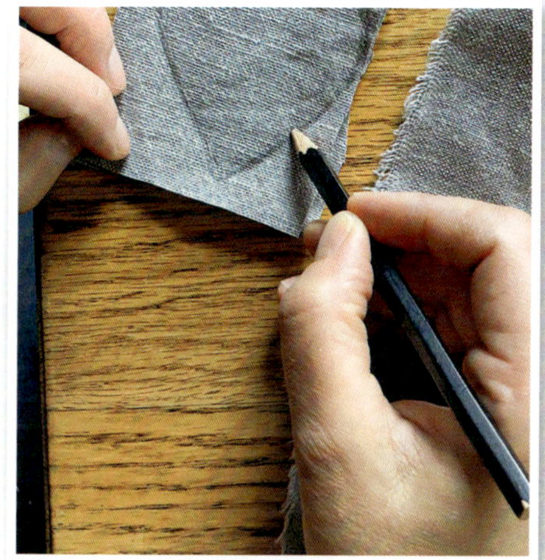

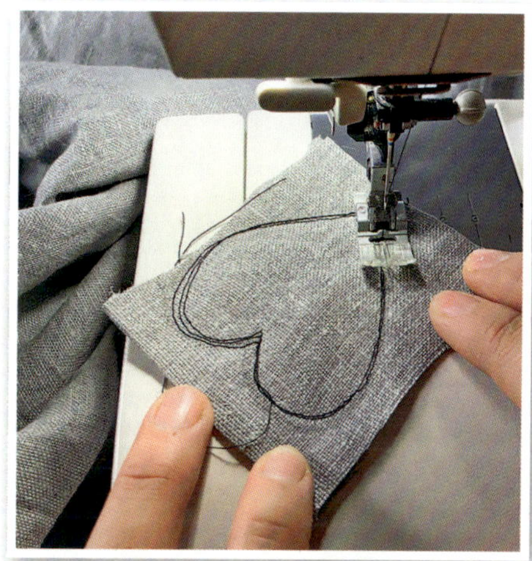

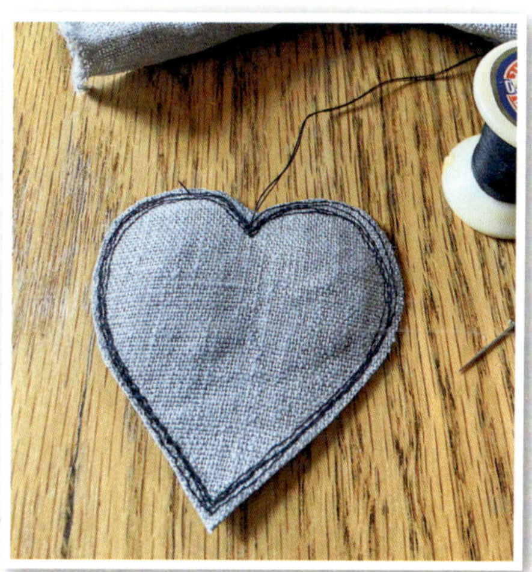

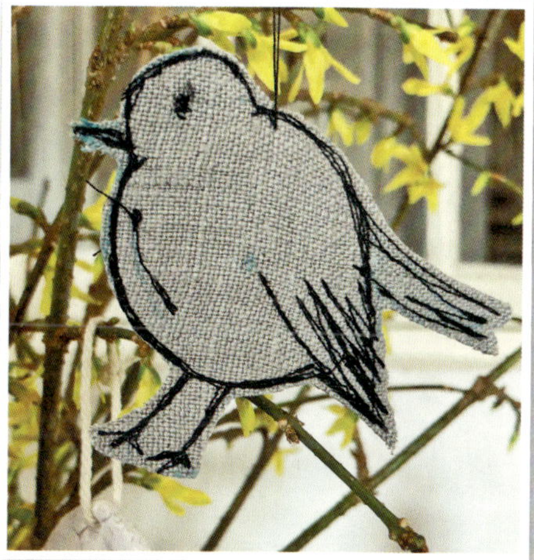

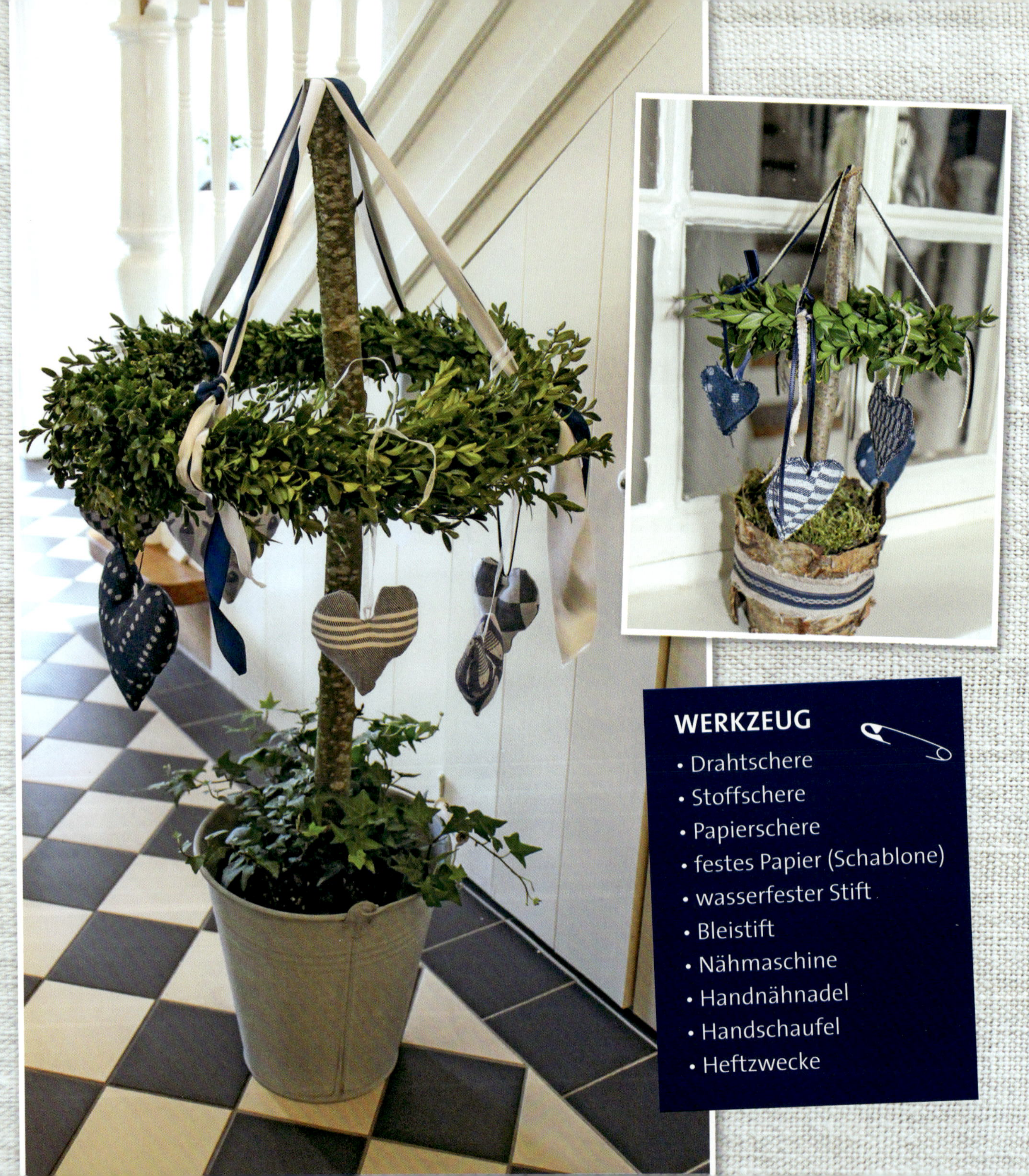

WERKZEUG

- Drahtschere
- Stoffschere
- Papierschere
- festes Papier (Schablone)
- wasserfester Stift
- Bleistift
- Nähmaschine
- Handnähnadel
- Handschaufel
- Heftzwecke

Maibäumchen mit Herzen

Das Maibaumaufstellen ist in Ostfriesland ein schöner Brauch. Den ganzen Wonnemonat über sieht man vielerorts die buntgeschmückten und bekränzten Pfähle. Warum sich den Mai nicht auch ins Haus holen?

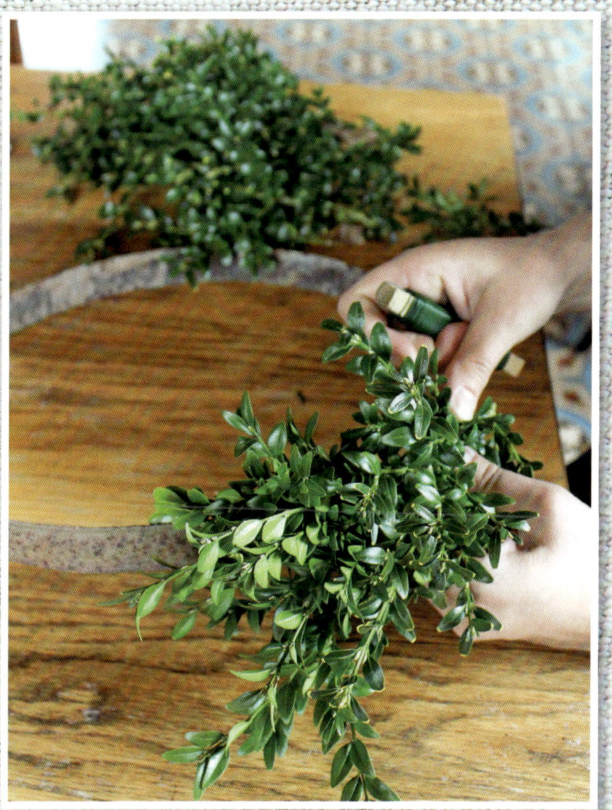

1. Für den Kranz zuerst das Schnittgrün in kleinen Büscheln mit Rosendraht in einer Richtung um den Ring binden. Birkenstamm in einen Eimer mit Blumenerde setzen, bis zum Rand mit Erde auffüllen und gut andrücken, damit der Stamm fest steht.

2. Schleifenband zuschneiden und an vier Stellen an den Kranz binden, sodass von jedem Knoten noch zirka 20 cm Band vom Kranz herabhängen. Überkreuzende Bänder auf dem Stamm mit einer Heftzwecke fixieren. Zinkeimer bepflanzen.

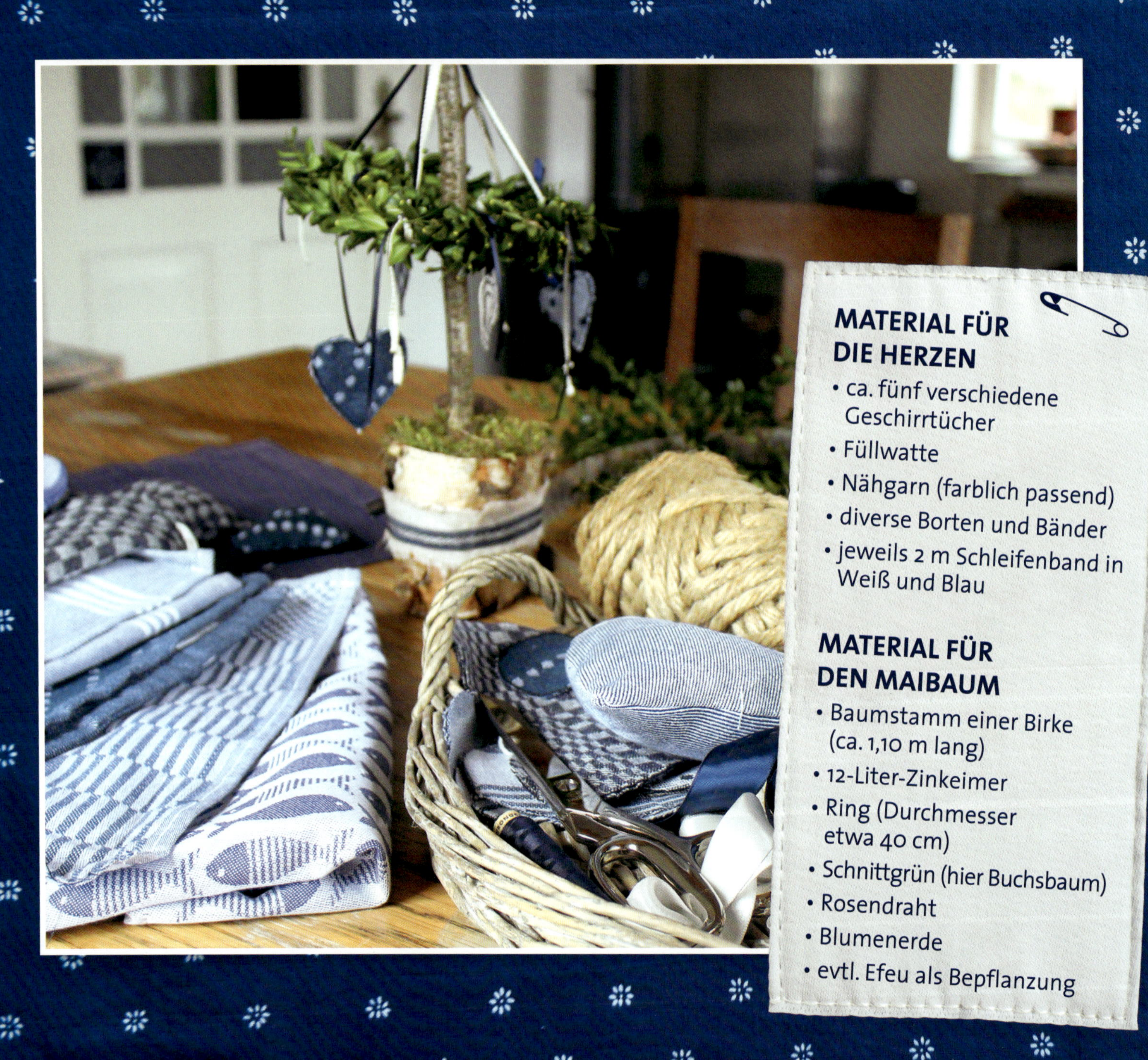

MATERIAL FÜR DIE HERZEN

- ca. fünf verschiedene Geschirrtücher
- Füllwatte
- Nähgarn (farblich passend)
- diverse Borten und Bänder
- jeweils 2 m Schleifenband in Weiß und Blau

MATERIAL FÜR DEN MAIBAUM

- Baumstamm einer Birke (ca. 1,10 m lang)
- 12-Liter-Zinkeimer
- Ring (Durchmesser etwa 40 cm)
- Schnittgrün (hier Buchsbaum)
- Rosendraht
- Blumenerde
- evtl. Efeu als Bepflanzung

3. Für die Herzen zwei Schablonen unterschiedlicher Größe herstellen (ca. 16 cm und ca. 10 cm hoch). Papier in der Mitte falzen und von Hand ein halbes Herz aufmalen und ausschneiden. Die Schablone auf doppelt gelegtem Stoff mit wasserfestem Stift nachzeichnen und die Herzen ausschneiden.

4. Stoffe rechts auf rechts (gute Seiten innen) legen und in Nähfußbreite ca. 0,5 cm vom Rand eine Steppnaht nähen. Wichtig: 2 cm für die Wendeöffnung bleiben frei und werden nicht gesteppt! Herz wenden, mit Watte befüllen und Öffnung mit ein paar Handstichen schließen.

5. Zum Schluss ein Band als Aufhängung anbringen. Herzen am Kranz befestigen.

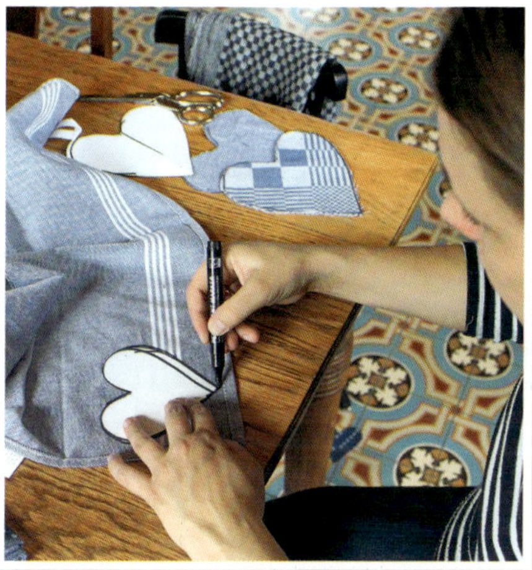

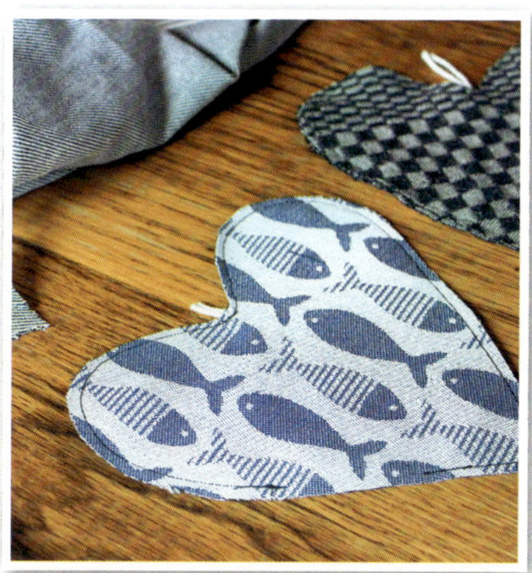

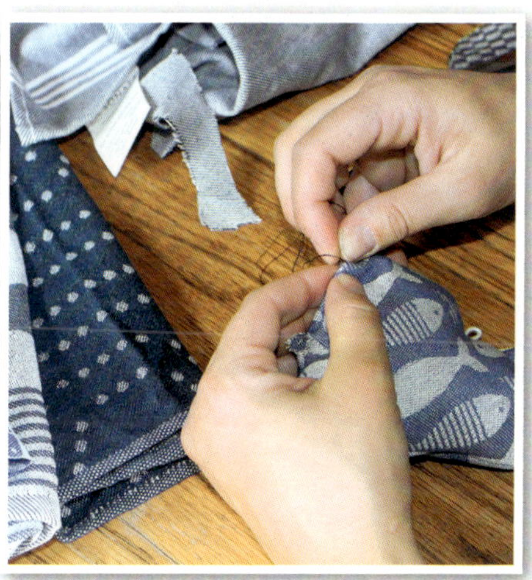

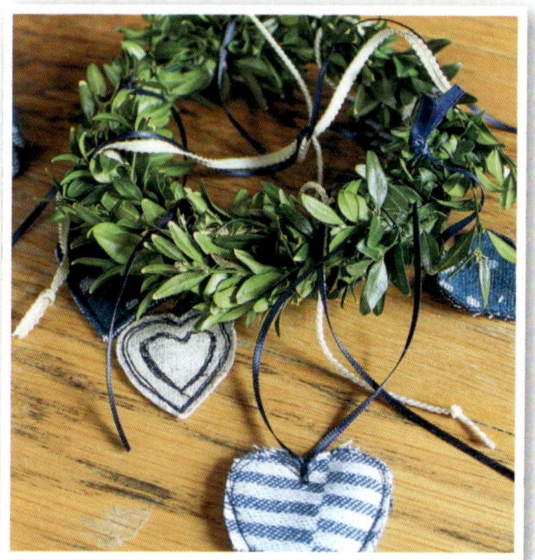

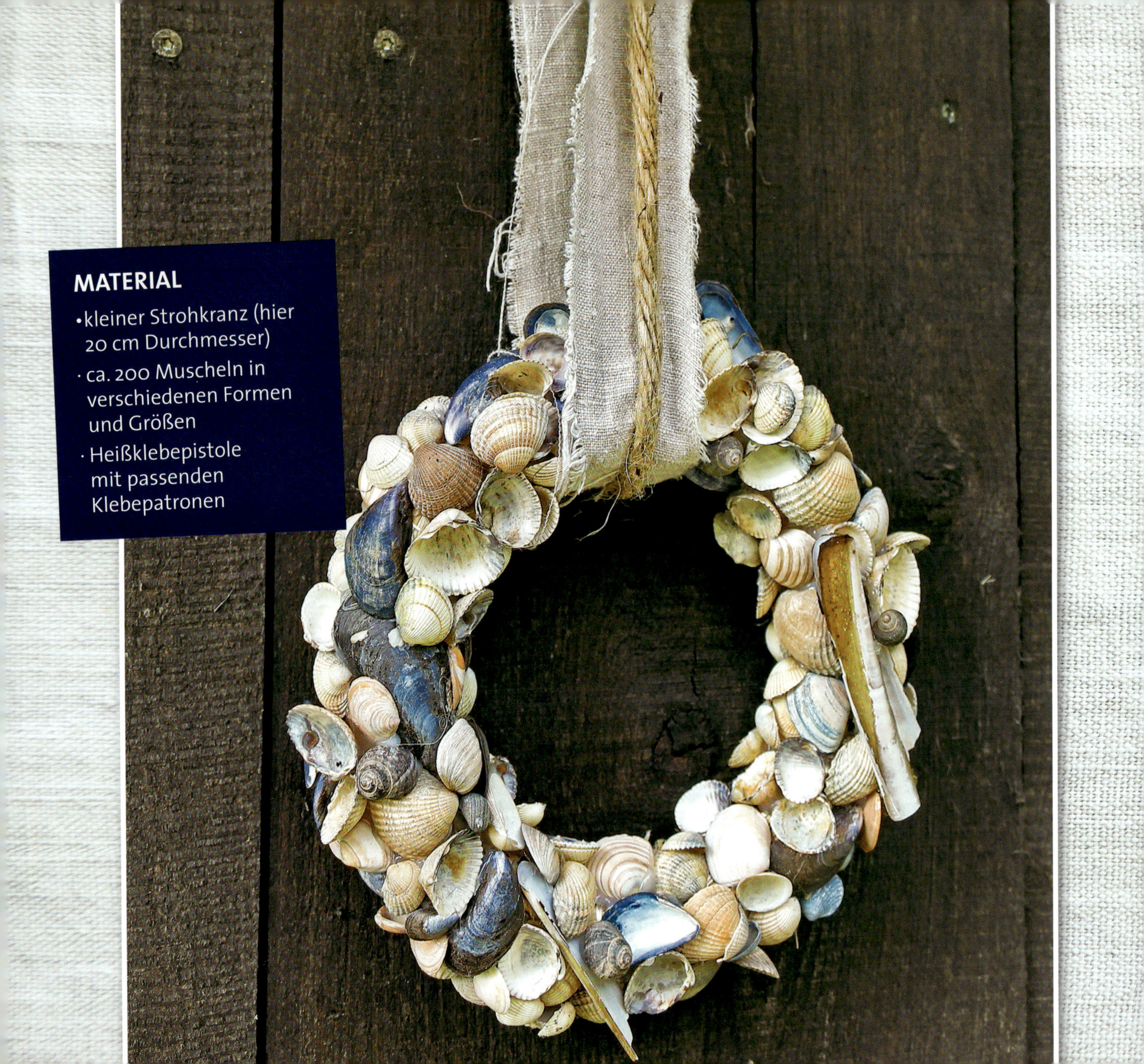

MATERIAL

- kleiner Strohkranz (hier 20 cm Durchmesser)
- ca. 200 Muscheln in verschiedenen Formen und Größen
- Heißklebepistole mit passenden Klebepatronen

Kranz aus Muscheln

Muscheln, Treibholz und Steine sind oft die schönsten Mitbringsel vom Urlaub am Meer, ob in Ostfriesland oder anderswo. Fundstücke, die nicht in Schubladen oder Kartons verschwinden sollten. Strandgut ist vortreffliches Bastelmaterial für dekorative Dinge, die im Alltag an den Urlaubsort erinnern.

1. Die Muscheln werden mithilfe des Heißklebers vorsichtig auf den Strohkranz geklebt. Man beginnt auf der Oberseite des Kranzes, danach fertigt man die Außen- und schließlich die Innenseite. Durch das schrittweise Bekleben verhindert man das Verrutschen der Muscheln dort, wo der Heißkleber noch nicht ausgehärtet ist. Beim Verkleben darauf achten, dass nicht zu viel Klebstoff auf den Kranz gelangt und sichtbar bleibt.

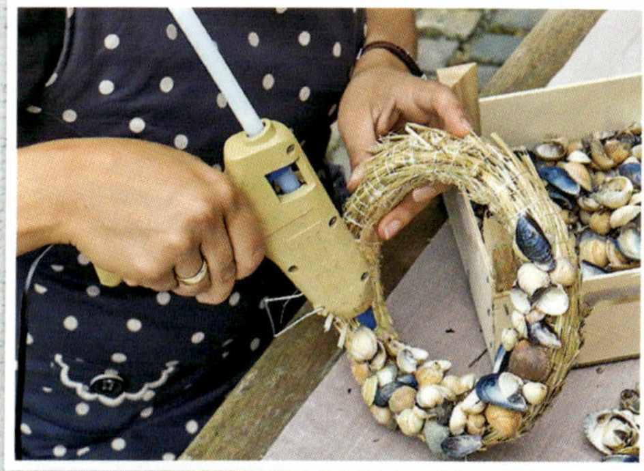

2. Nach der Fertigstellung eventuell einzelne freie Stellen oder Klebestellen mit einer Muschel abdecken.

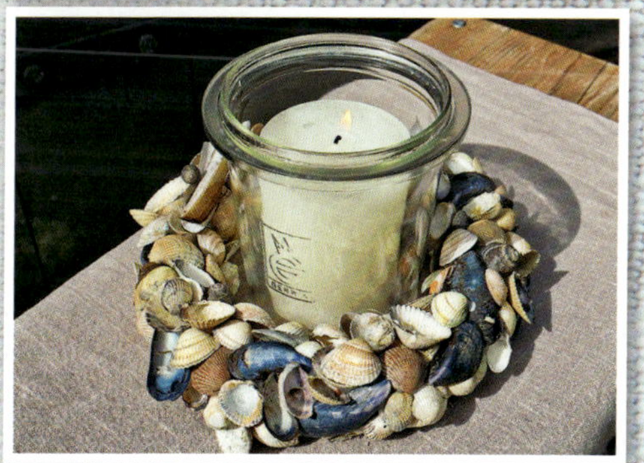

3. An einem passenden Band befestigt, kann der Kranz aufgehängt werden. Mit einem Windlicht versehen wird er zum Tischschmuck.

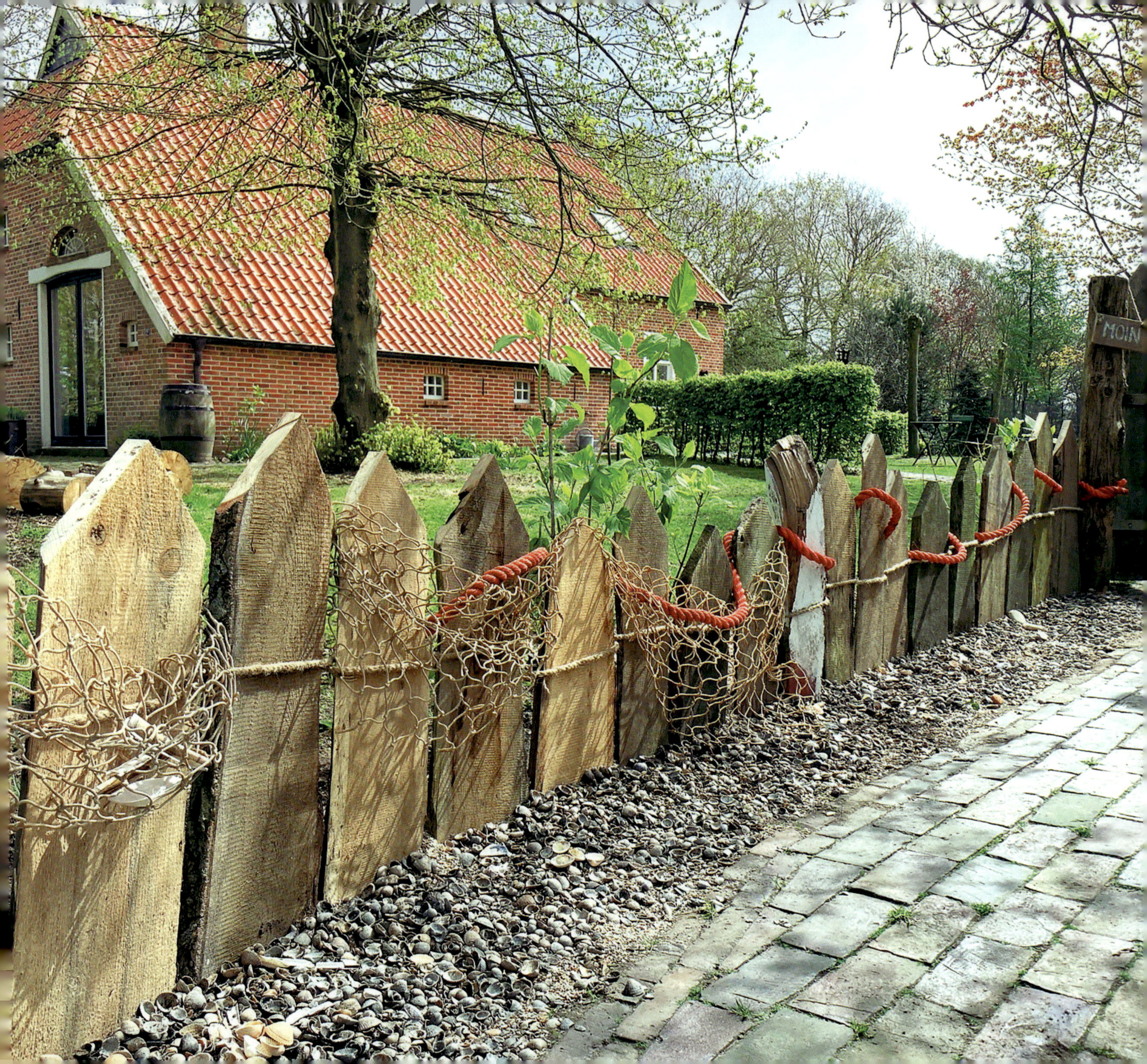
MOIN

Maritimer Gartenzaun

Wer sich etwas Küstenflair in den Garten holen will, muss nicht unbedingt einen Strandkorb aufstellen. Gitta Lüpkes hat vor ihrem Haus einen kleinen Eichenzaun mit maritimem Anstrich gebaut, der ein wenig an den Walknochenzaun auf Borkum erinnert – dekoriert mit ausgedientem Fischernetz und Tau aus der Netzmanufaktur Conradi im Fischerdorf Greetsiel.

1. Für den Zaun eignet sich am besten langlebiges Eichenholz, dann hält er in dieser einfachen Bauweise etwa zehn Jahre. Zunächst die Bodenfläche möglichst unkrautfrei vorbereiten, mit einem Spaten eine Rinne in die Erde ziehen, um den Verlauf des Zauns anzuzeichnen. Man kann auch mit gelbem Sand oder hellem Kies eine Markierung schaffen. Die Eichenbretter zuschneiden, den oberen Teil mit einer Kappsäge spitz zusägen (hier etwa 45 Grad). Nun die Bretter der Reihe nach etwa 25 cm tief eingraben. Wer hat, kann auch Treibholz mit einarbeiten. Hier ist der mittige Pfahl ein Fundstück aus dem Watt.

2. Die Erde um die einzelnen Bretter gut festtreten, damit sie Stand haben. Am Anfang und am Ende des Zauns Pflöcke eingraben, um dem Zaun mehr Stabilität zu geben.

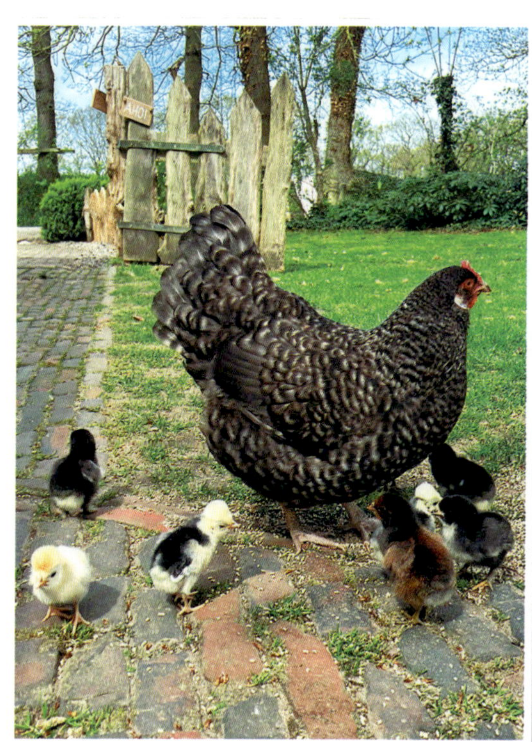

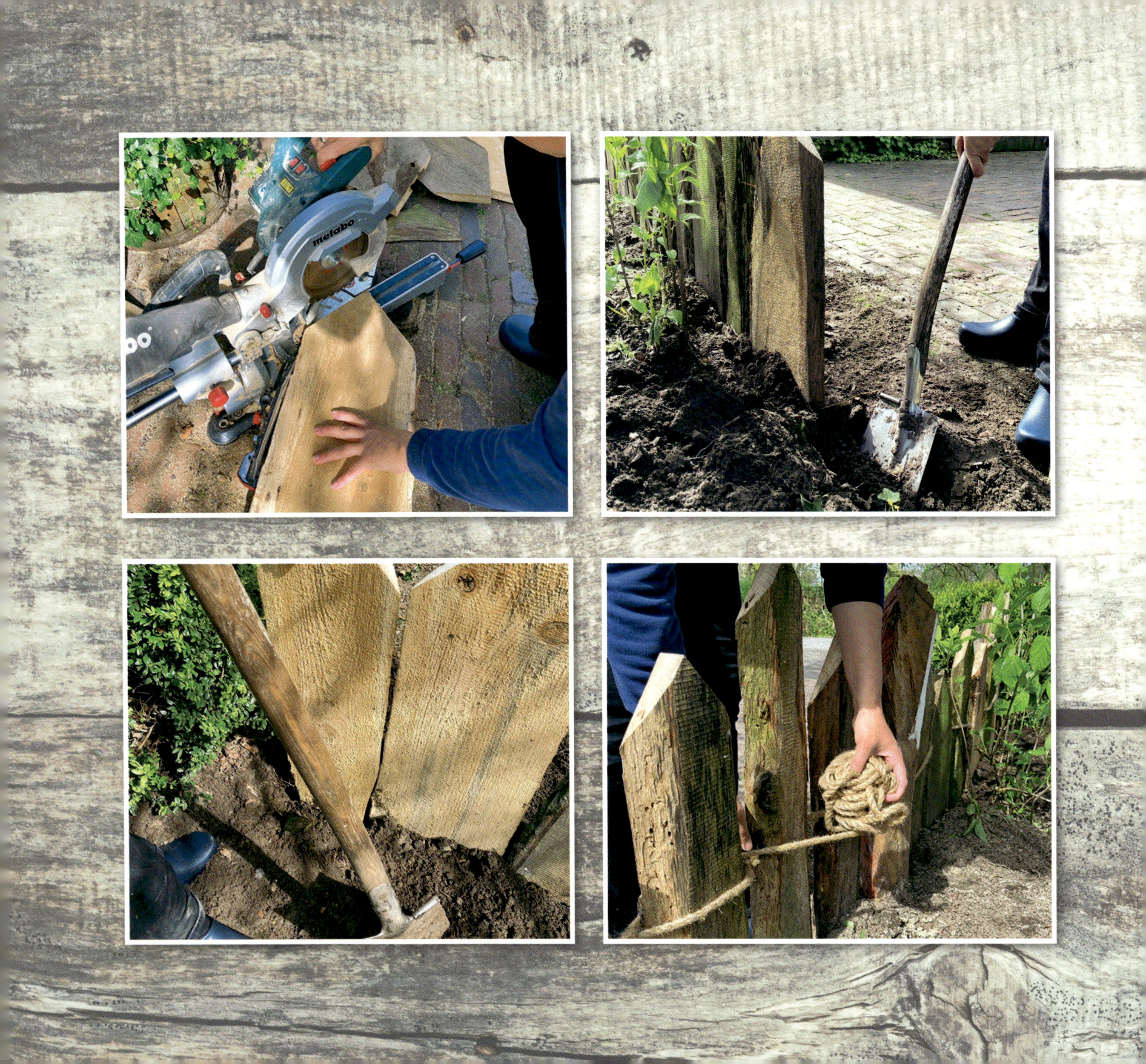
metabo

MATERIAL

- Eichenbretter (oder Lärche) hier 3 cm dick, 20 bis 30 cm breit und 70 bis 90 cm lang
- ein langes Tau oder Seil aus Naturfaser
- ein Stück Fischernetz
- Muscheln (z. B. aus dem Baumarkt)
- evtl. „Muschelgrus“ (z. B. aus dem Landhandel)
- evtl. Pflöcke, hier ausgediente Weidepfähle

WERKZEUG

- Kapp- und Gehrungssäge
- Spaten
- Zollstock
- Schere

Tipp: Dazu passen Holzschilder, die aus Reststücken, Tau und mit etwas weißer Farbe schnell gemacht sind.

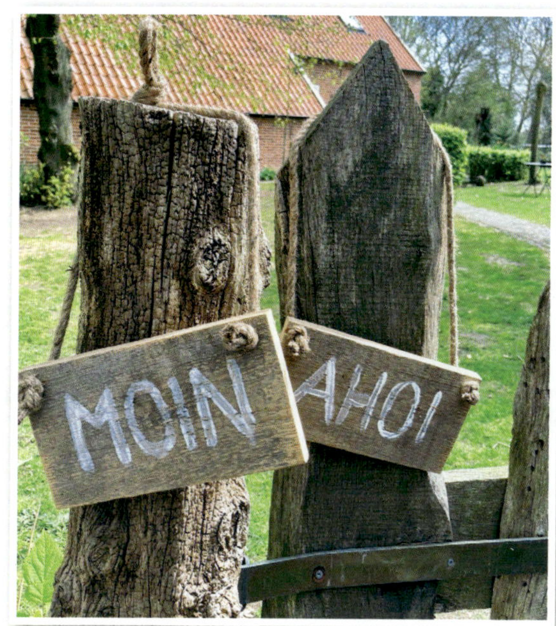

3. Dann wird ein langes Tau zwischen die Bretter gewoben, erst von links nach rechts, danach umgekehrt von rechts nach links. Das Tau am Anfang und am Ende an den Pfählen gut verknoten.

4. Als Bodenbelag Muscheln am Fuß des Zaunes aufbringen. Damit man nicht allzu viele Muscheln benötigt, eignet sich auch „Muschelgrus“ (Schelpengrit), das Hühnern unters Futter gemischt wird, als Unterlage. Zur maritimen Dekoration nach Belieben ein schmales Stück Fischernetz und ein farbiges Tau (erhältlich unter anderem bei der Schiffsausrüstung) locker um die Bretter wickeln.

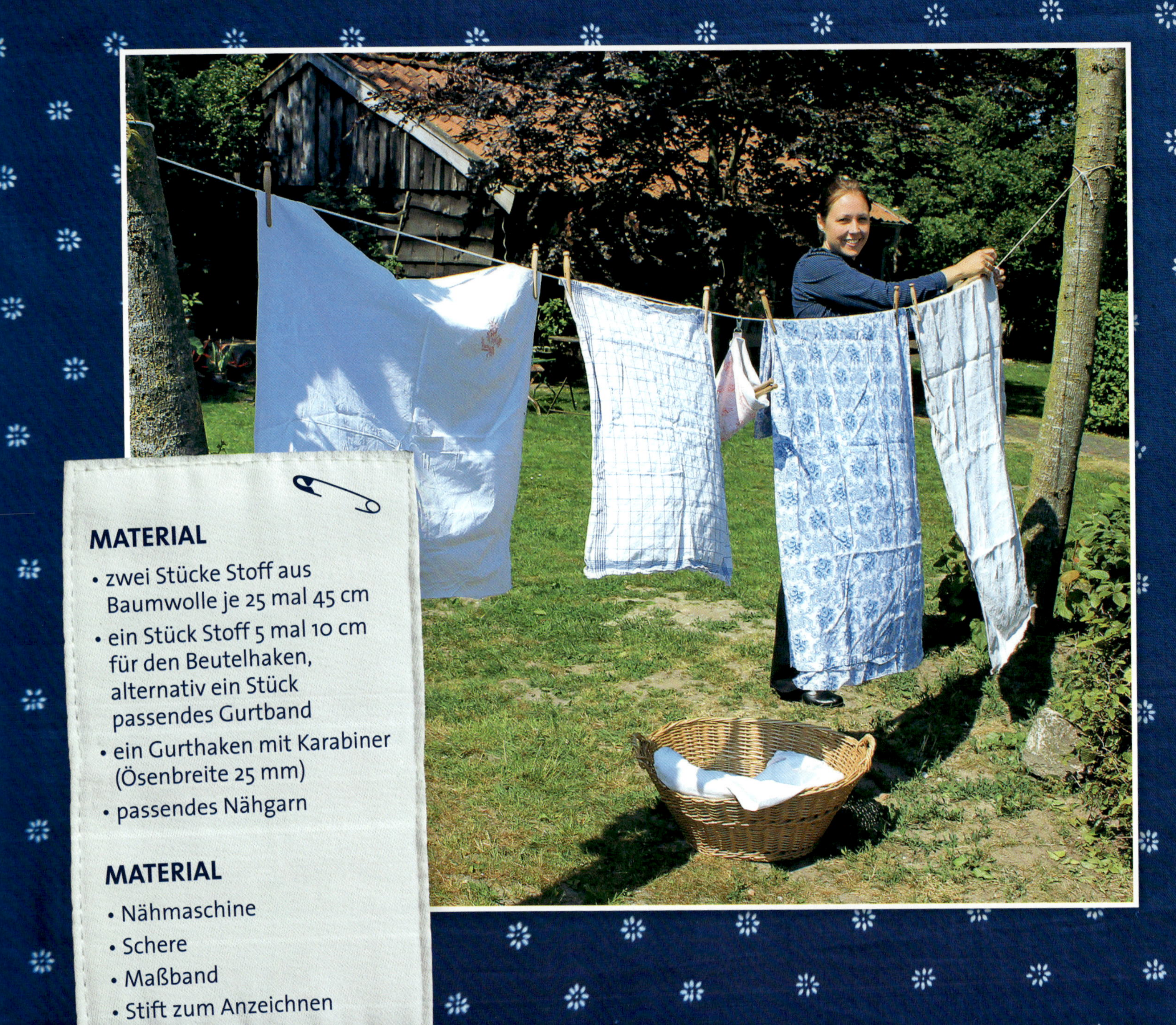

MATERIAL

- zwei Stücke Stoff aus Baumwolle je 25 mal 45 cm
- ein Stück Stoff 5 mal 10 cm für den Beutelhaken, alternativ ein Stück passendes Gurtband
- ein Gurthaken mit Karabiner (Ösenbreite 25 mm)
- passendes Nähgarn

MATERIAL

- Nähmaschine
- Schere
- Maßband
- Stift zum Anzeichnen

Selbst gemachte Wäschehelfer

Wäsche an der langen Leine sieht man heute nicht mehr so häufig. Allzu oft verdrängt der Trockner das Windspiel im Garten. Dabei geht doch nichts über den natürlichen Duft nach Sommerwind. Die Mühe lohnt sich also. Ideen für zwei dekorative Wäschehelfer, die die leidige Hausarbeit ein wenig schöner machen: ein Klammerbeutel und eine kleine Sockenleine.

KLAMMERBEUTEL

1. Zunächst zwei Stücke Stoff, einen für die Außen- und einen für die Innenseite des Beutels (hier aus einem alten Bettbezug und Bettlaken), zurechtschneiden und rechts auf rechts legen. Mit einem Steppstich die obere Kante der langen Seite füßchenbreit absteppen, die Naht ausbügeln und den Stoff öffnen.

2. Nun die beiden kurzen Seiten rechts auf rechts legen und steppen, wieder wenden und so falten, dass die fertige Form entsteht (Innenstoff innen, Außenstoff außen). Die Unterseite ist noch offen!

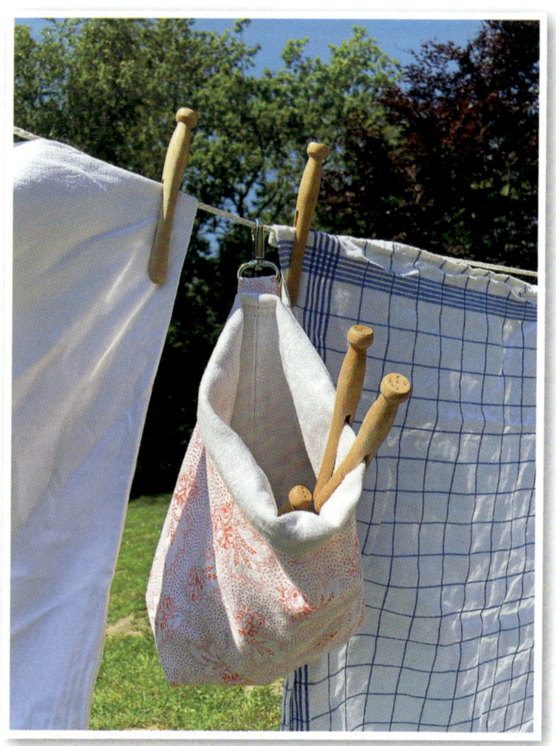

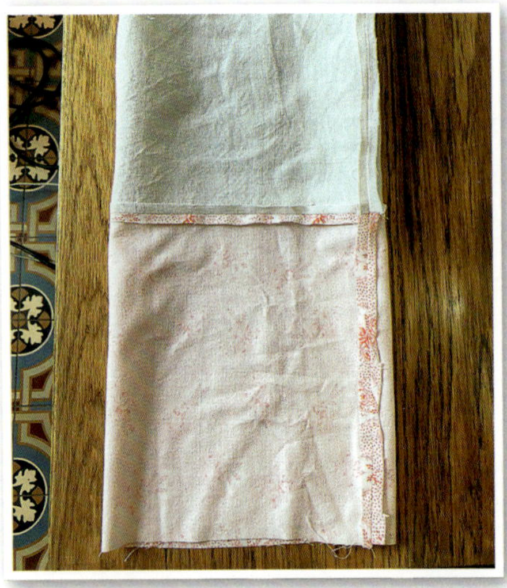

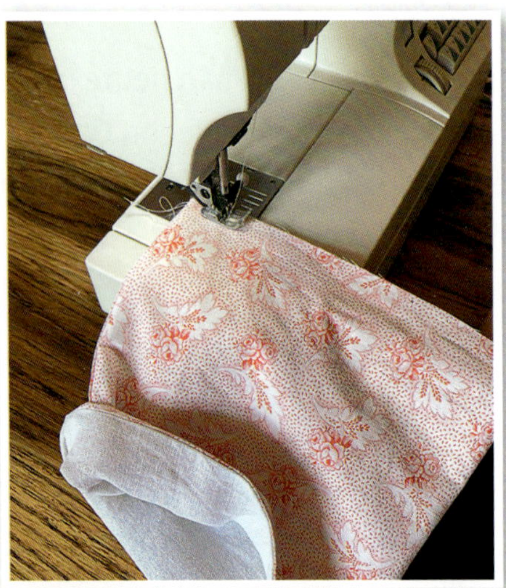

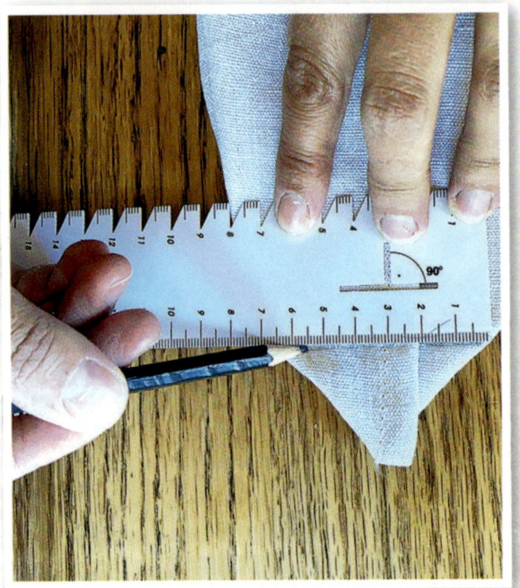

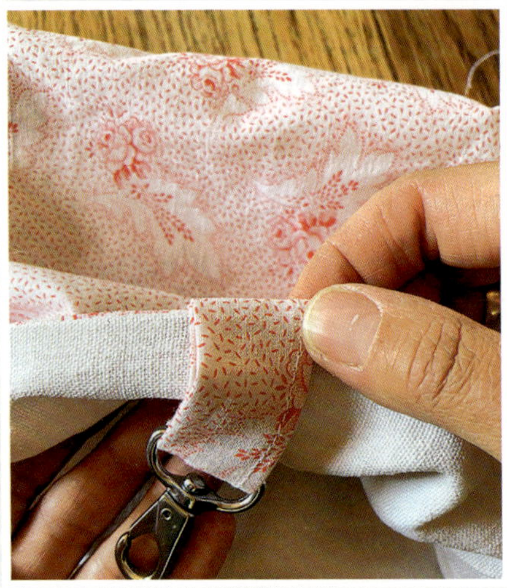

3. Nun von der rechten Seite die Unterseite füßchenbreit mit Steppstich feststeppen, den Rand knapp unterhalb der Naht abschneiden und wenden. Der Innenbeutel liegt außen. Jetzt mit dem Steppstich am unteren Rand etwas breiter steppen, sodass die untere Kante mit eingenäht wird. Damit ein Boden entsteht, die jeweils unteren Ecken ca. 6 cm anzeichnen und ein Dreieck abnähen.

4. Zum Schluss eine kleine Schlaufe für den Beutelhaken herstellen und den Haken samt Schlaufe am Rand des Klammerbeutels feststeppen.

KLEINE SOCKENLEINE

Eine ebenso originelle wie praktische Sockenleine kann man ganz einfach aus einer Kinderrad-Felge machen.

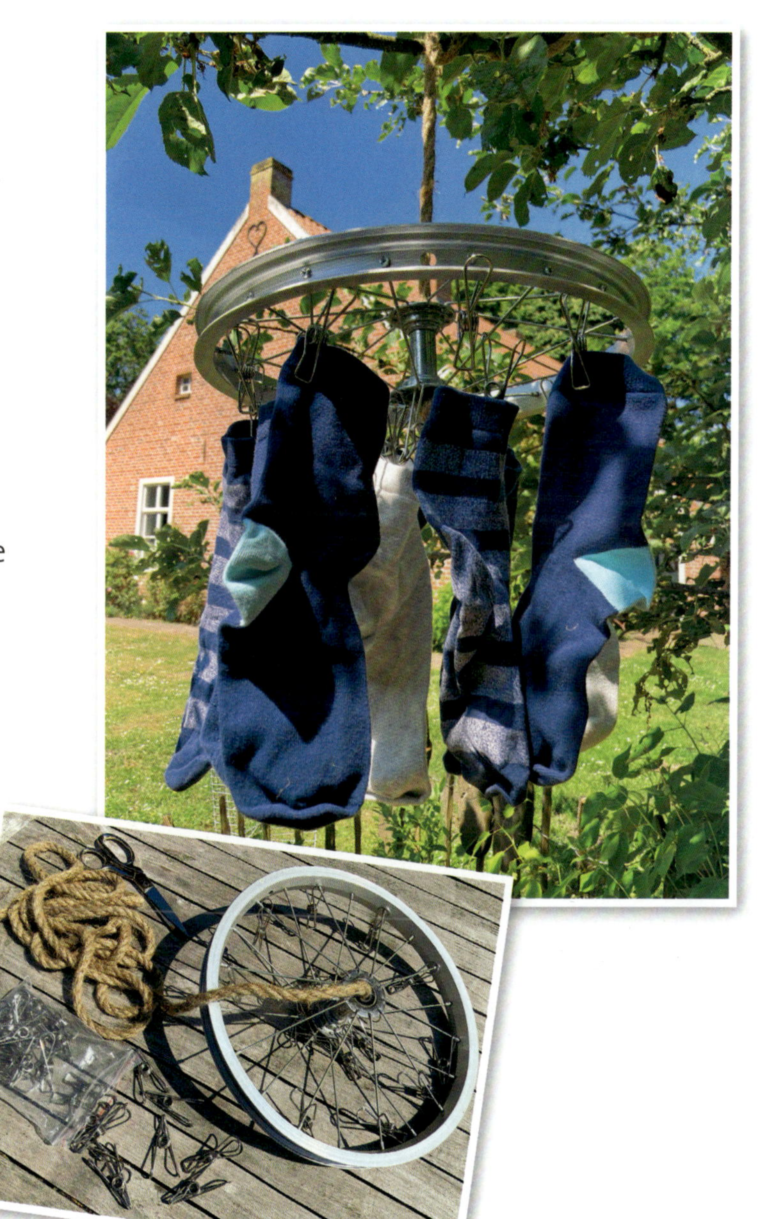

1. Wir hatten ein unbenutztes Rad von einem Cruiser übrig. Nach alten Felgen kann man auch in der Fahrradwerkstatt fragen. Die Metallklammern (im Internet bestellbar) rundherum an den Speichen befestigen.

2. Ein Tau durch die Nabe ziehen und mit einem dicken Knoten unten befestigen. Die Sockenleine lässt sich draußen oder drinnen schnell auf- und wieder abhängen.

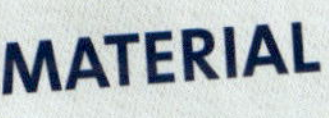

MATERIAL

- kleine Felge eines Kinderrades
- Metallwäscheklammern
- Stück dickes Tau zum Aufhängen

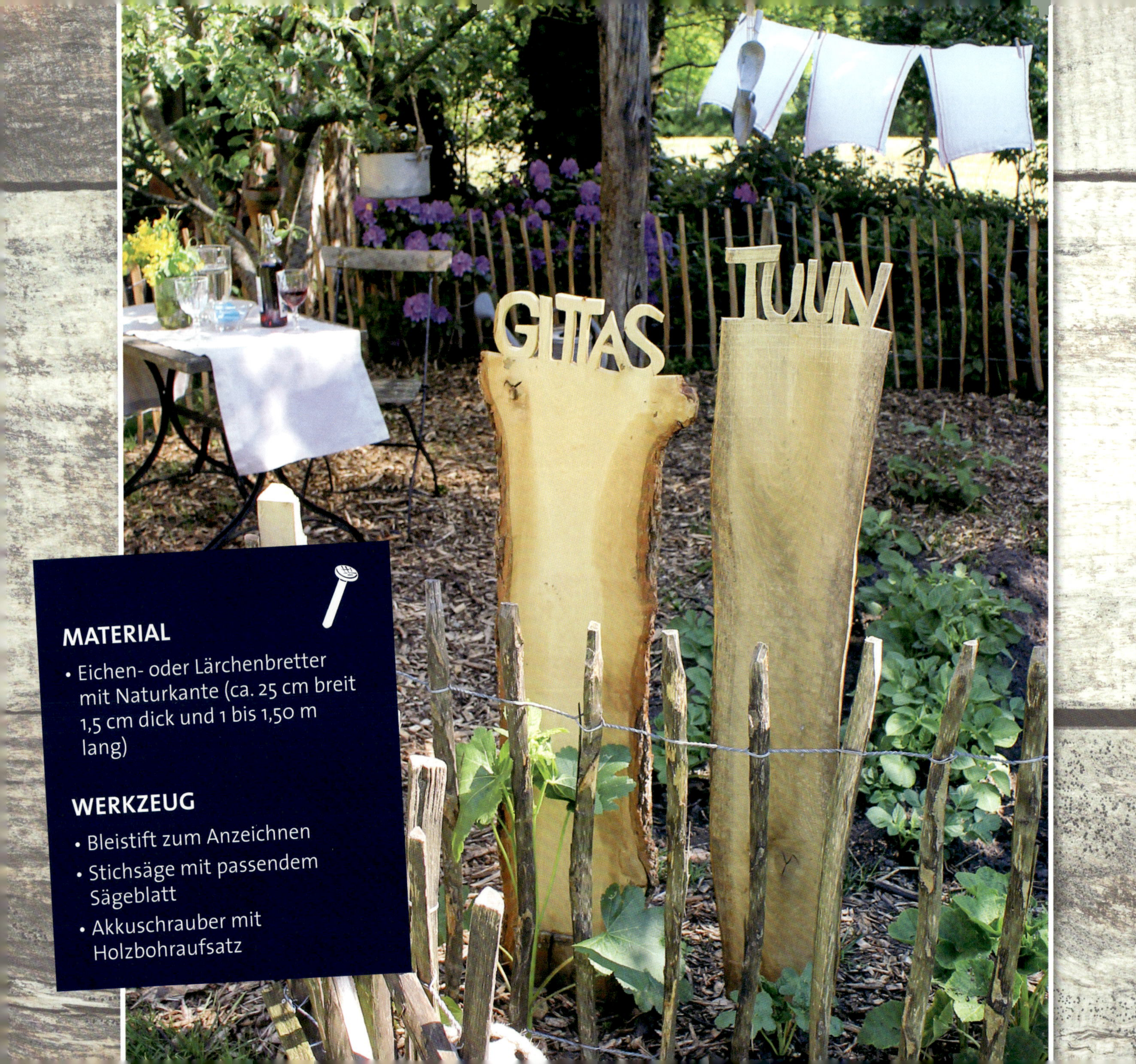

MATERIAL

- Eichen- oder Lärchenbretter mit Naturkante (ca. 25 cm breit 1,5 cm dick und 1 bis 1,50 m lang)

WERKZEUG

- Bleistift zum Anzeichnen
- Stichsäge mit passendem Sägeblatt
- Akkuschrauber mit Holzbohraufsatz

Gartenschilder aus Holzbohlen

Zu einem typisch ostfriesischen Garten gehört immer auch ein kleiner Kartoffelacker oder wenigstens ein Gemüsebeet. Gitta Lüpkes hat hier ein neues Beet mit lauschigem Plätzchen angelegt und es mit persönlichen Gartenschildern aus Holzbohlen verschönert, die leicht selbst gemacht sind. Außerdem gibt sie die Anleitung für zwei originelle kleine Helfer nach getaner Gartenarbeit: einen „Stiefelknecht“ und einen Schuhputzer.

1. In Holzbohlen aus Eiche oder Lärche lassen sich mit der Stichsäge ganz einfach Namen oder auch der Schriftzug „Uns Tuun“ (unser Garten) sägen. Für die Gartenschilder zuerst im oberen Bereich des Holzbretts die Buchstaben anzeichnen (etwa 10 cm hoch), bei Bedarf eine Schablone zu Hilfe nehmen. Die Schrift darf ruhig ein wenig schief und unsymmetrisch sein.

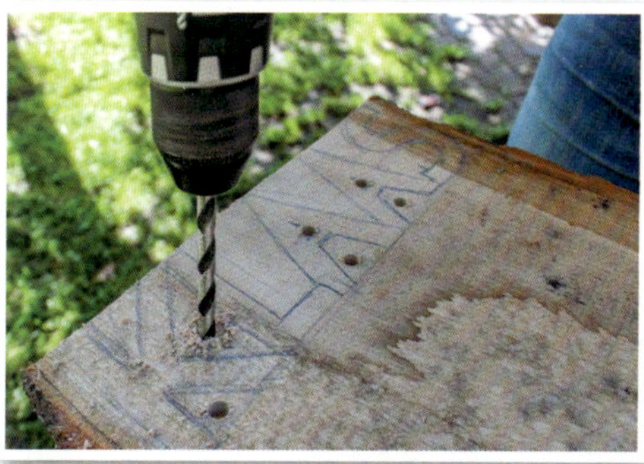

2. Dann in die geschlossenen Flächen, die ausgesägt werden müssen, mittig je ein Loch bohren, damit die Stichsäge dort leichter ansetzen kann. Die Buchstaben vorsichtig aussägen und die Kanten anschließend mit Sandpapier abschleifen.

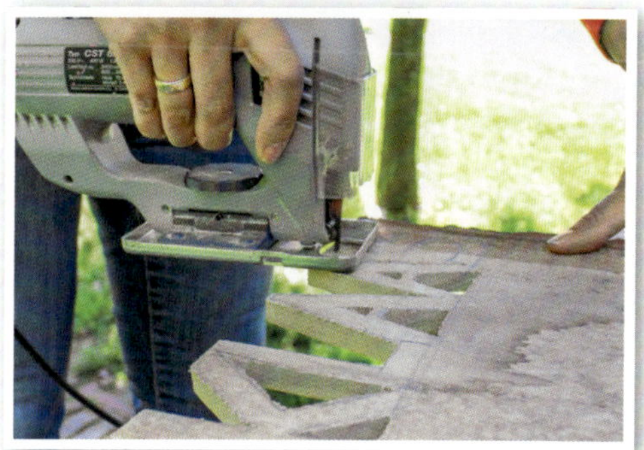

3. Die fertigen Schilder einfach in den Boden eingraben. Stockrosen machen sich gut daran.

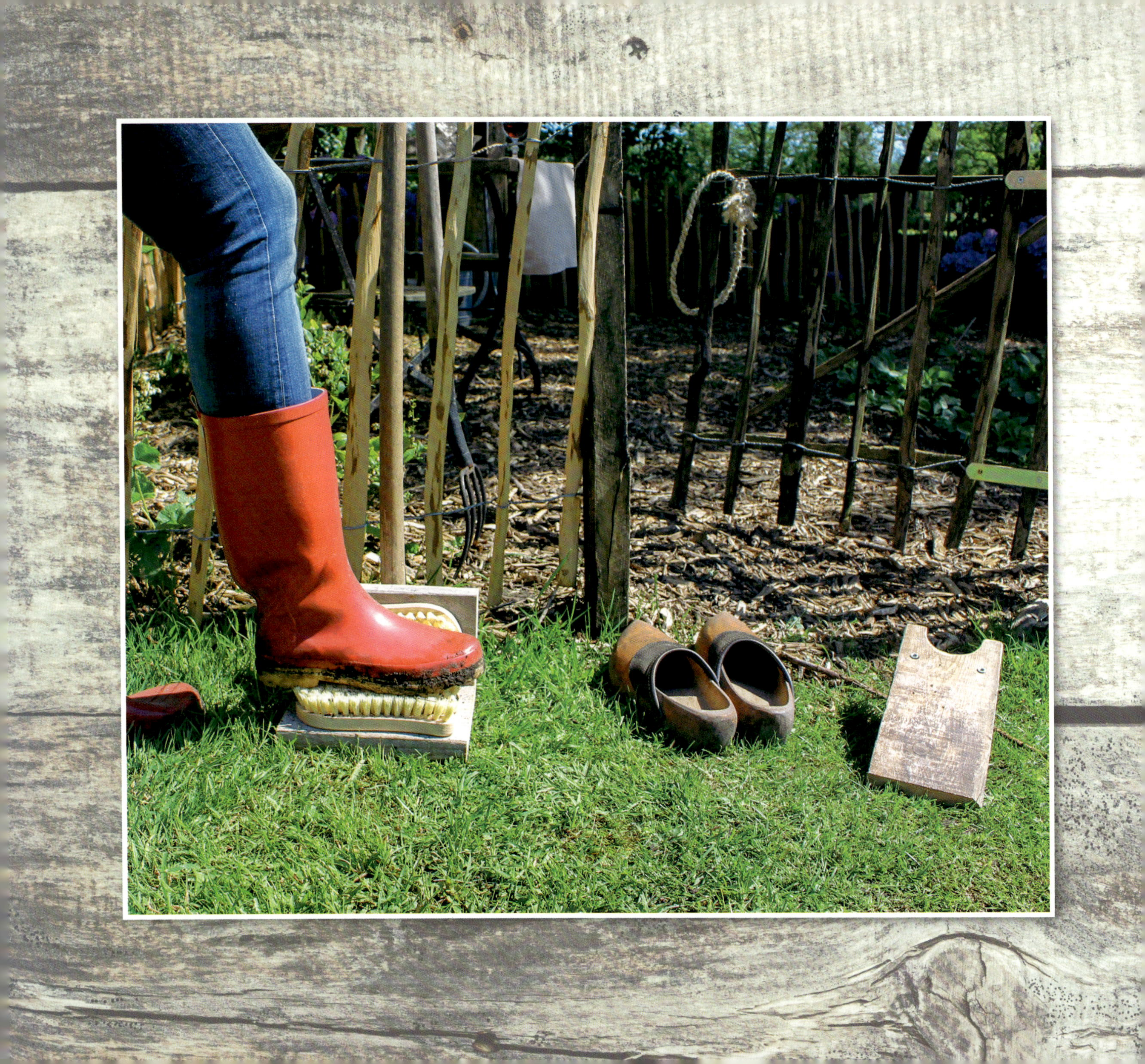

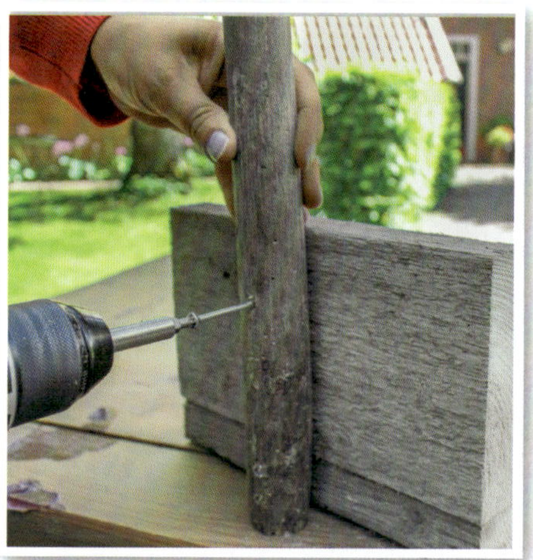

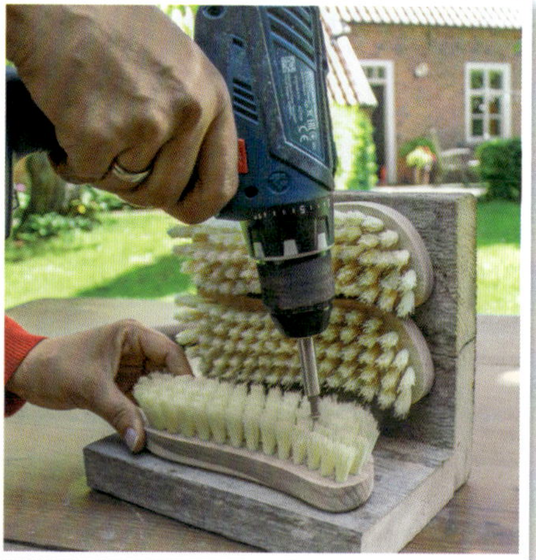

SCHUHPUTZER

1. Die Bretter so zurechtschneiden, dass sie groß genug für die Bürsten sind (Maße siehe rechts).

2. An den Kanten zwei Löcher vorbohren und die Bretter im rechten Winkel bündig miteinander verschrauben. Auch die Bürsten mit Löchern versehen und wie abgebildet auf die Bretter schrauben.

3. Zum Schluss den Besenstiel als Haltegriff anbringen. Fertig ist das einfache, aber praktische Utensil.

Erdige Stiefel oder Schuhe lassen sich prima mit diesem selbst gebauten Schuhputzer säubern.

MATERIAL

- 2 Holzbretter (das erste 20 cm breit, 24 cm lang, 3,5 cm dick und das zweite 12 cm breit, 24 cm lang und 3,5 cm dick)
- 1 Holzstab (ausgedienter Besenstiel), ca. 90 cm lang
- 3 Handbürsten mit festen Borsten

WERKZEUG

- Holzschrauben zum Verschrauben der Teile
- Kappsäge oder Handsäge
- Akkuschrauber
- Bleistift zum Anzeichnen

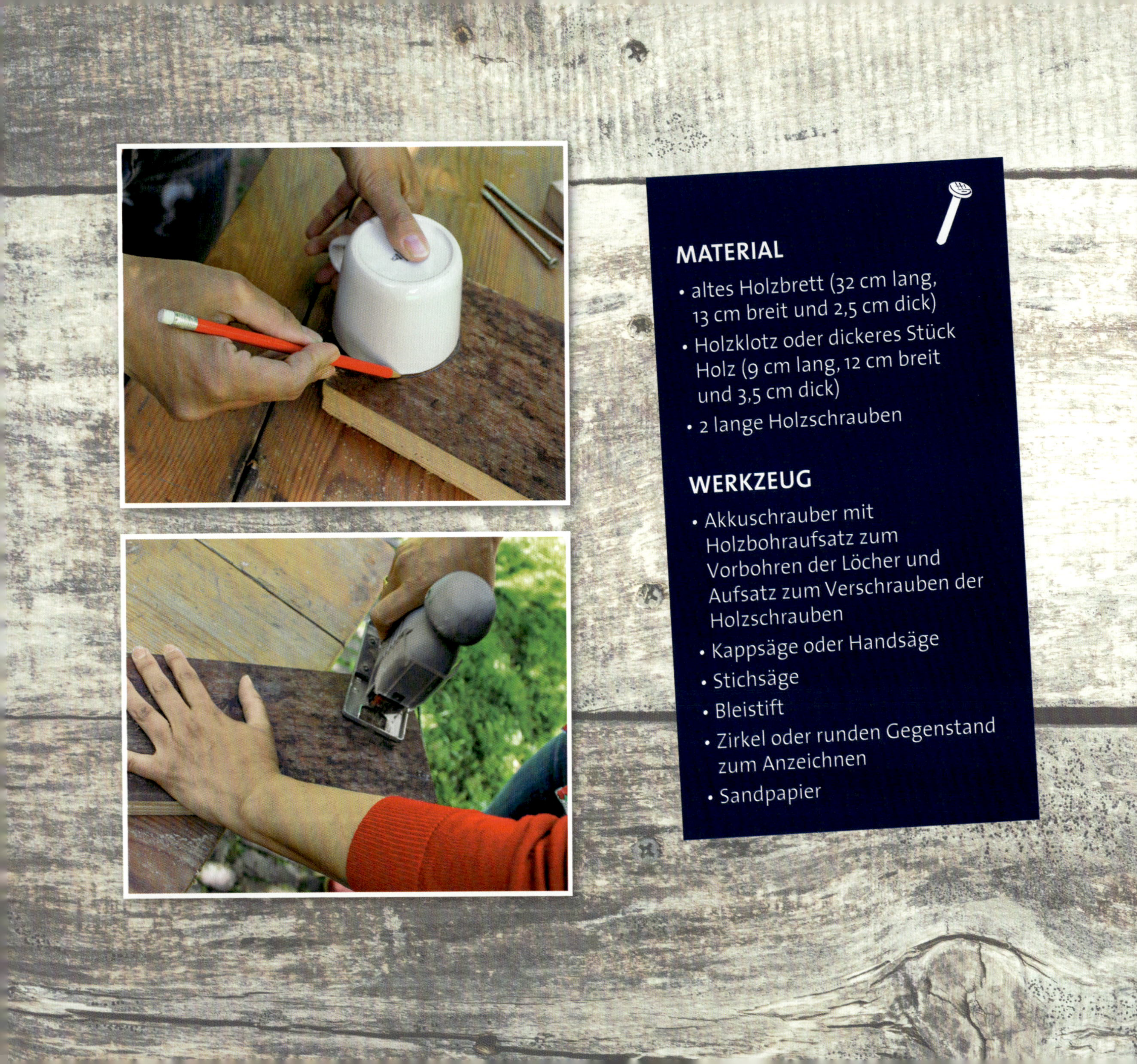

MATERIAL

- altes Holzbrett (32 cm lang, 13 cm breit und 2,5 cm dick)
- Holzklotz oder dickeres Stück Holz (9 cm lang, 12 cm breit und 3,5 cm dick)
- 2 lange Holzschrauben

WERKZEUG

- Akkuschrauber mit Holzbohraufsatz zum Vorbohren der Löcher und Aufsatz zum Verschrauben der Holzschrauben
- Kappsäge oder Handsäge
- Stichsäge
- Bleistift
- Zirkel oder runden Gegenstand zum Anzeichnen
- Sandpapier

„STIEFELKNECHT“

Ein weiterer origineller Gartenhelfer ist der Stiefelknecht, der das Stiefelausziehen erleichtert und an dem man auch den schweren ostfriesischen Kleiboden abstreifen kann.

1. Dafür zuerst das Brett auf eine Länge von ca. 30 bis 32 cm zuschneiden. Am oberen Rand einen Halbkreis anzeichnen (hier 8 cm Durchmesser bei Stiefelgröße 42, variiert je nach Schuhgröße). Die Aussparung mit der Stichsäge aussägen und anschließend den Rand etwas abschleifen.

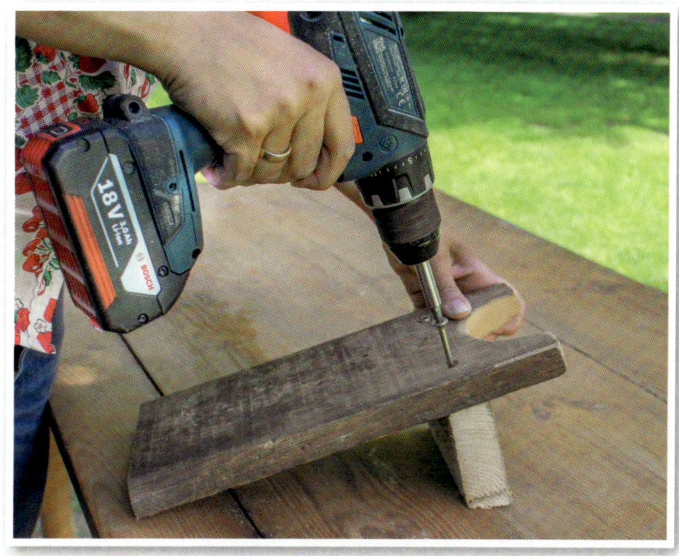

2. Nun den Holzklotz zurechtsägen. Wichtig: Die untere Kante ist Auflage und sollte im 15-Grad-Winkel angeschrägt werden. Den Holzklotz unterhalb des Halbkreises unter das lange Brett legen, sodass das Ganze Stand hat und nicht wackelt.

3. Die Bretter mit langen Schrauben miteinander verschrauben, vorher mit dem Holzbohrer vorbohren.

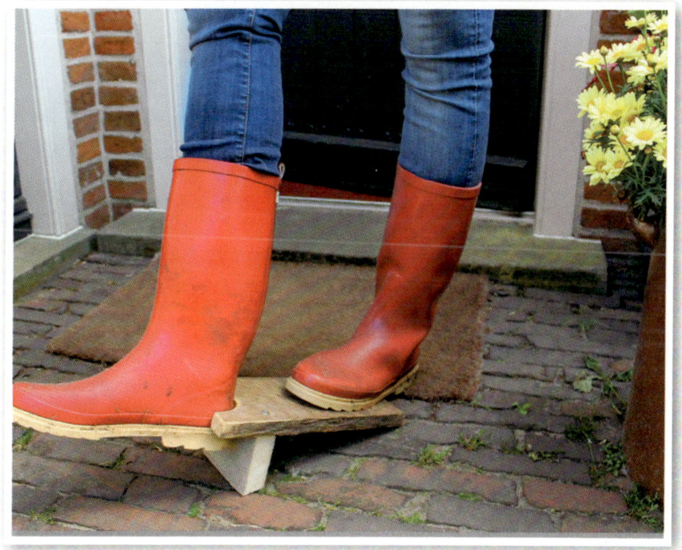

Ostfriesischer Sonnenschirmfuß

Alte Milchkannen aus Zink, wie sie früher auf den Bauernhöfen in Ostfriesland benutzt wurden, sind nicht nur schöne Deko-Objekte, man kann sie auch praktisch nutzen – mit Beton gefüllt werden sie ruck, zuck zum ländlichen Sonnenschirmständer.

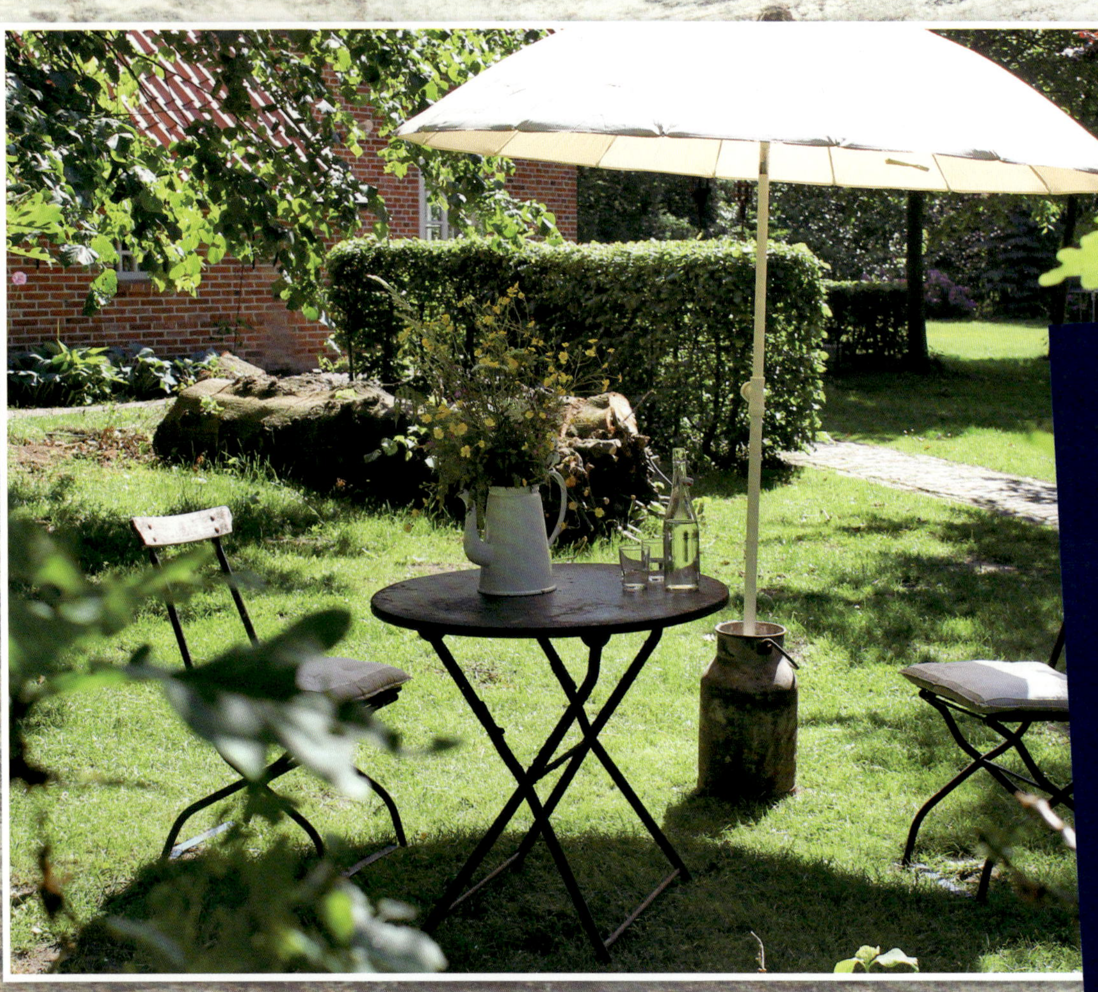

MATERIAL UND WERKZEUG

- eine alte Milchkanne (ca. 50 cm hoch)
- ca. 40 kg Ruck-Zuck-Beton
- Wasser
- Plastiktüte oder Folie
- Klebeband
- Gießkanne
- Kelle oder kleine Schaufel
- Schere
- Wasserwaage

1. Zuerst den unteren Teil des Schirmstabs mit Plastikfolie oder einer Plastiktüte umwickeln und mit Klebeband festkleben, damit der Stab nicht im Beton stecken bleibt. Man kann auch ein Stück Rohr mit einbetonieren, in das später der Schirm gesteckt wird.

2. Dann etwa 25 cm Fertigbeton in die Kanne schütten, den mit Plastik ummantelten Stab mittig positionieren, mit einer Wasserwaage nachjustieren und mithilfe einer Gießkanne wässern.

3. Nun Schritt für Schritt nach Packungsanleitung den Beton mit einer Schaufel bis zum Kannenhals auffüllen, anhärten lassen und anschließend den Stab und die Folie entfernen. Den Beton am besten nur bis zum Hals der Kanne füllen, damit der Fuß nicht zu schwer wird und man den Deckel aufstecken kann, wenn der Sonnenschirmfuß nicht gebraucht wird. So kann kein Regenwasser hineinkommen und die Kanne ist noch ein schönes Dekostück im Garten.

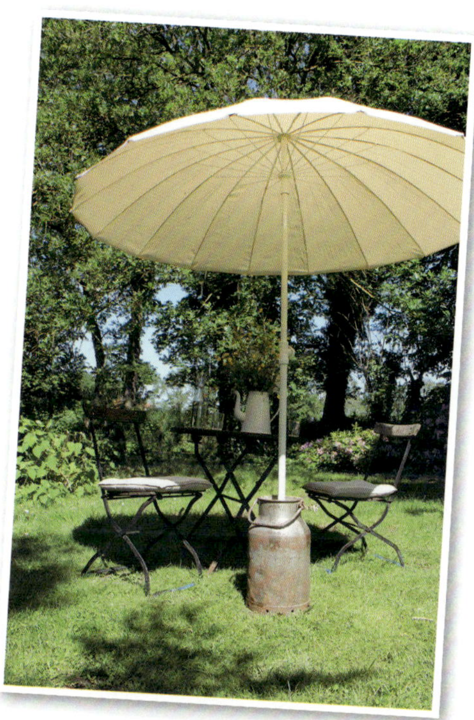

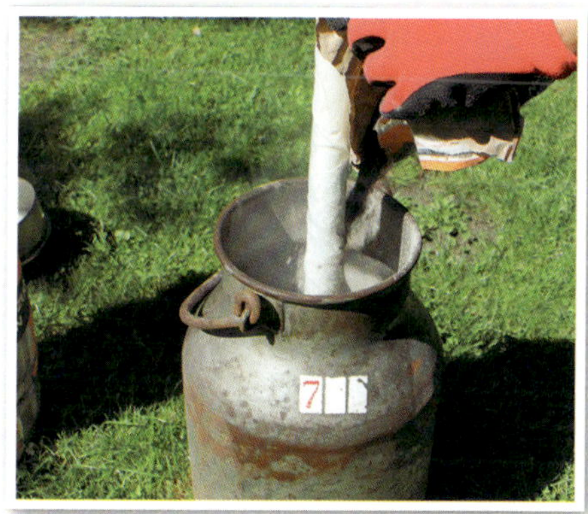

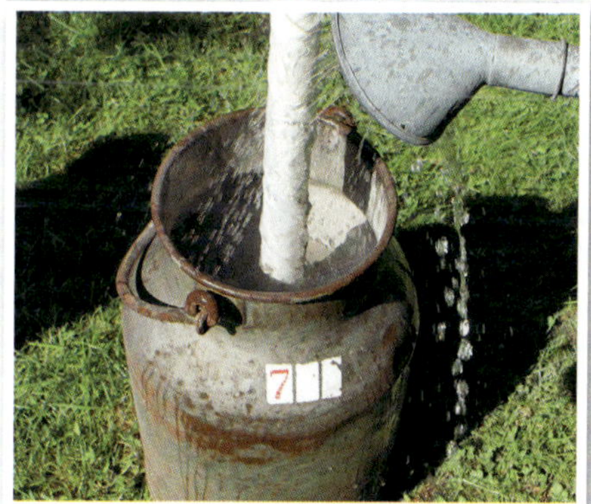

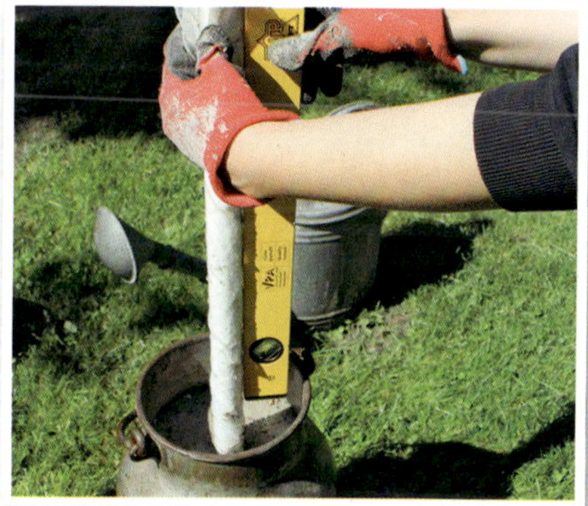

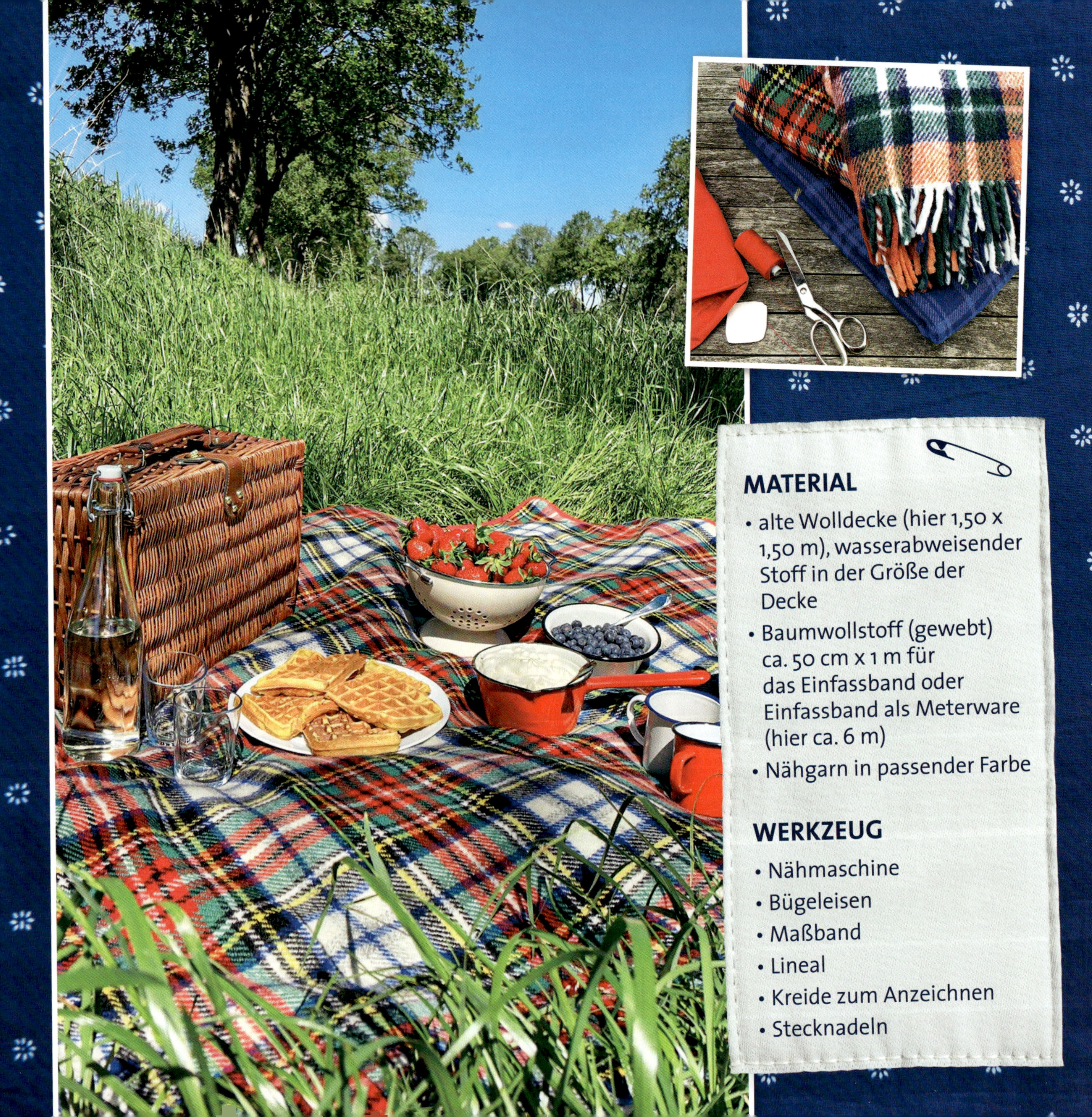

MATERIAL

- alte Wolldecke (hier 1,50 x 1,50 m), wasserabweisender Stoff in der Größe der Decke
- Baumwollstoff (gewebt) ca. 50 cm x 1 m für das Einfassband oder Einfassband als Meterware (hier ca. 6 m)
- Nähgarn in passender Farbe

WERKZEUG

- Nähmaschine
- Bügeleisen
- Maßband
- Lineal
- Kreide zum Anzeichnen
- Stecknadeln

Picknickdecke aus alter Wolldecke

Zu einem Picknick auf Ostfrieslands saftigen Wiesen gehört eine wasserabweisende Decke, damit der Hintern trocken bleibt. Die lässt sich gut aus einer alten karierten Wolldecke machen.

1. Zuerst die Fransen abschneiden. Die Ränder der Decke mit einem Kettel- oder Zickzackstich versäubern. Den wasserabweisenden Stoff in der Größe der Decke zuschneiden und darauflegen, die guten Seiten jeweils nach außen.
Mit Stecknadeln fixieren und mit einem Steppstich 0,5 cm vom Rand zusammennähen.

2. Für das Einfassband ca. 5 cm breite Streifen anzeichnen und zuschneiden (hier 6 m). Die Streifen müssen etwa im 60-Grad-Winkel zum Gewebe zugeschnitten werden, damit das Einfassband formbar wird. Die Enden der Stoffstreifen mit einem Steppstich zusammennähen und ausbügeln. Nun die Streifen mittig falten (gute Seite nach außen) und eine Falte hineinbügeln. Die untere Kante zur Mittelfalte legen und anbügeln, die andere Seite ebenso, zum Schluss die Mittelfalte noch einmal überbügeln.

3. Das Einfassband um den Rand der Decke legen und mit einem Steppstich festnähen. Die Ecke zu einer leichten Rundung zurechtschneiden, das Einfassband beim Nähen leicht strammziehen und die Rundung nähen. Ist die Decke eingefasst, das Endstück nach innen falten und feststeppen.

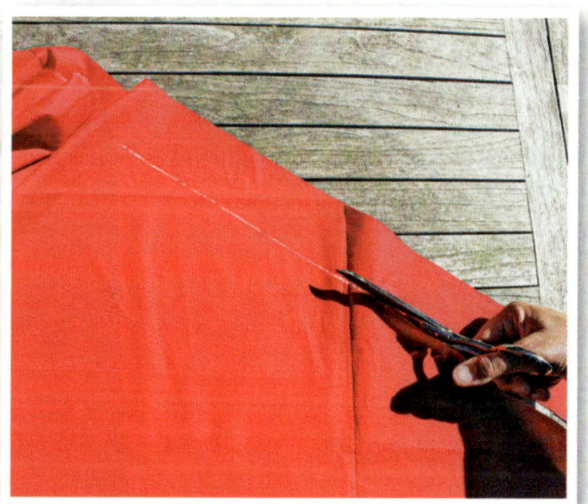

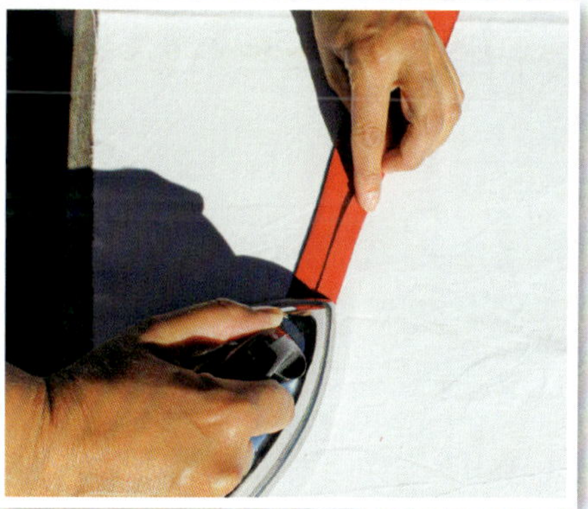

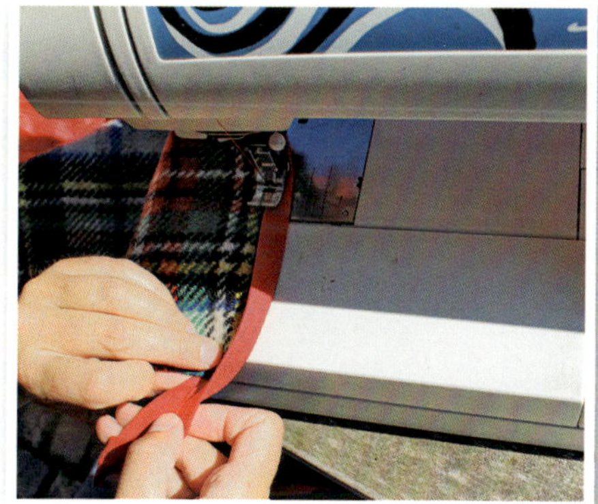

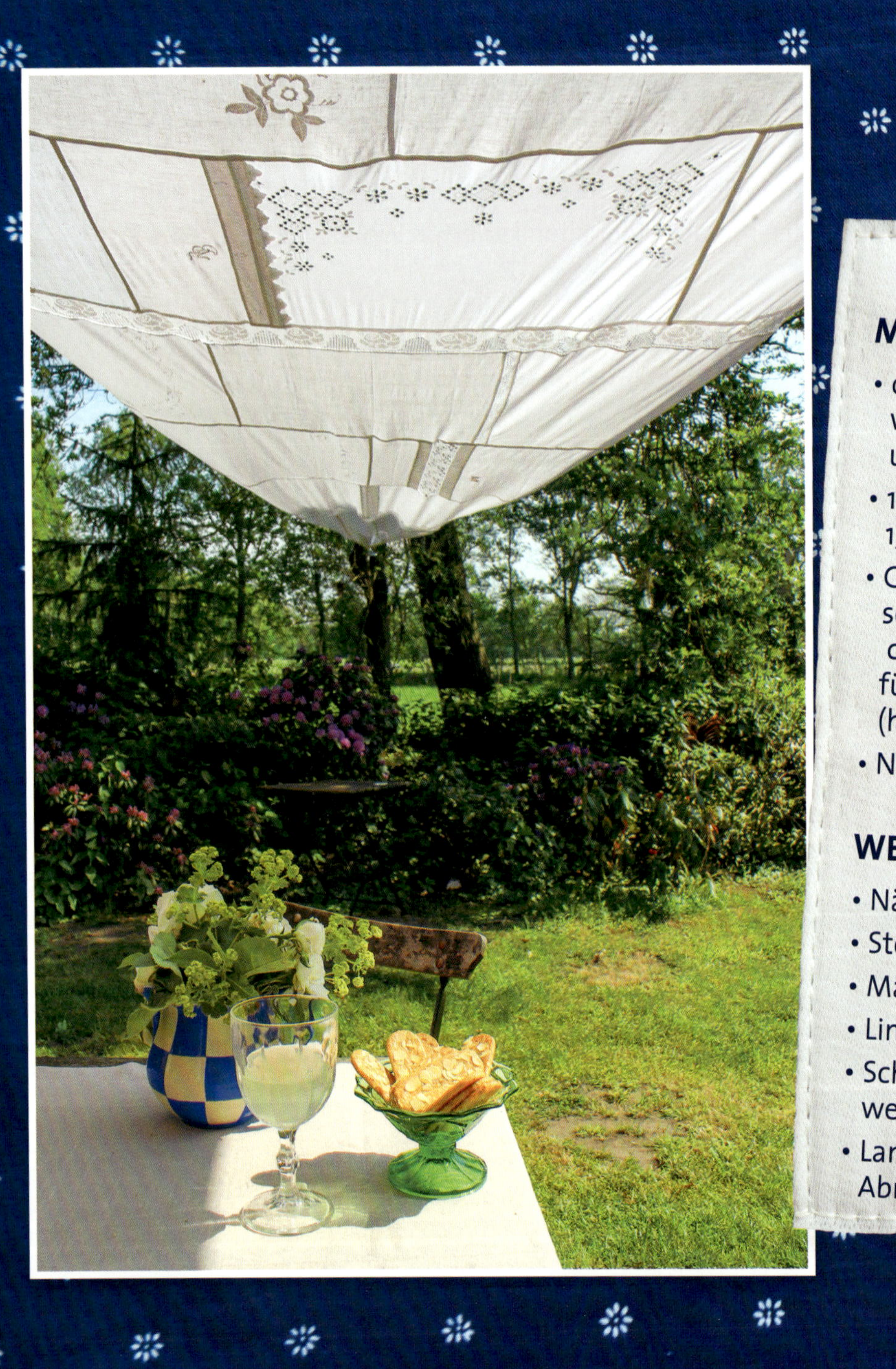

MATERIAL

- diverse alte Wäschestücke wie Handtücher, Bettlaken und Kissen oder Tischdecken
- 10 m Baumwollband, 1,5 oder 2 cm breit
- Gardinenringe oder sonstige Metallringe mit ca. 4 cm Durchmesser für die Befestigung (hier 3 Stück)
- Nähgarn

WERKZEUG

- Nähmaschine
- Stoffschere
- Maßband oder Zollstock
- Lineal
- Schneiderkreide oder weicher Bleistift
- Lange Schnur zum Abmessen

Sonnensegel aus alten Wäschestücken

Ein Sonnensegel spendet Schatten, lässt sich fast überall anbringen und sieht dazu noch schön aus. Erst recht, wenn es selbst gemacht ist. Stoff muss dafür nicht neu gekauft werden. Es lässt sich auch aus Großmutters alten Paradekissen und Aussteuerstücken nähen, die nun nicht länger im Schrank liegen.

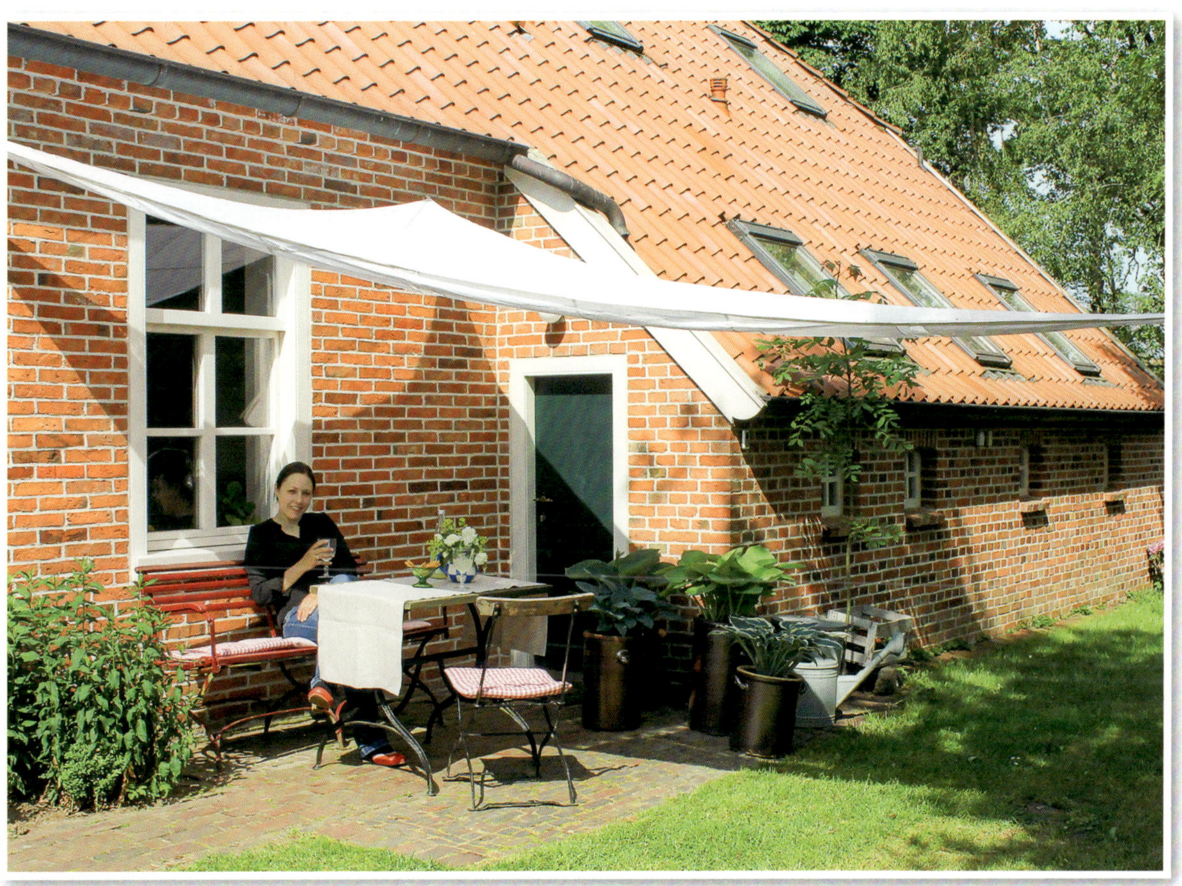

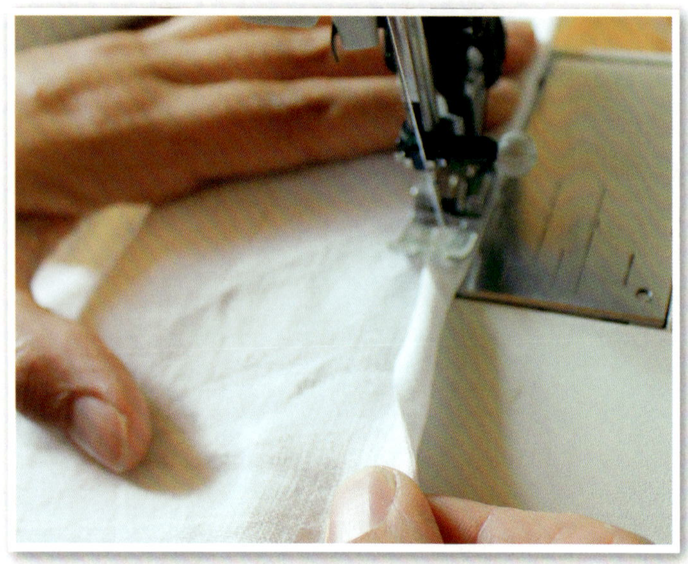

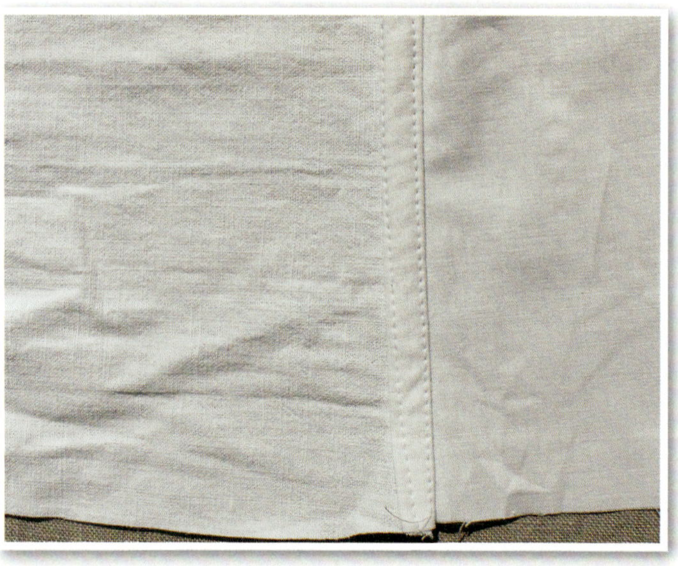

1. Zu Beginn wird die Größe des Segels festgelegt. Am besten den späteren Standort ausmessen, um das eigene Segel zu gestalten. Unser Segel ist 3 m breit und hat die Form eines gleichschenkligen Dreiecks. Die Symmetrieachse ist 4 m lang.

2. Im ersten Schritt die einzelnen Stoffstücke auf die gleiche Breite zuschneiden (hier 50 cm). Die Länge der Stoffstücke variieren. Nun die Stoffstücke zu langen Bahnen in ungefähr gleicher Länge zusammennähen (hier jeweils ca. 3 m).
Die Nähte müssen besonders reißfest sein, da sie später unter Spannung stehen. Daher wählt man am besten eine Doppelnaht. Dazu werden beide Stoffstücke aufeinandergelegt.
Ob sie auf der linken oder rechten Seite liegen, spielt keine Rolle, da dies nicht mehr zu erkennen ist, wenn das Segel in der Sonne hängt.

3. Für die Naht faltet man die Seiten zweimal um (ca. 5 mm breit), sodass die Schnittkanten verschwinden. Nun mit einer einfachen Steppnaht zusammennähen. Anschließend die zusammengenähten Stoffe auseinanderfalten und ein paar Millimeter neben der Naht erneut steppen.
So entsteht eine reißfeste Doppelsteppnaht.

4. Die fertig genähten Stoffbahnen auf dem Boden ausbreiten und so anordnen, wie sie später zusammengenäht werden sollen.

5. Beim Dreieck lediglich die ersten 4 Stoffbahnen ca. 3 m lang nähen und dann die folgenden Seiten jeweils um ca. 50 cm verkürzt.

6. Sind die einzelnen Stoffbahnen in der Breite fertiggestellt und in der richtigen Länge zurechtgelegt, werden diese auf gleiche Weise miteinander vernäht, sodass ein großes Stoffstück aus vielen Einzelteilen entsteht. Das Tuch nun auf einer glatten Fläche ausbreiten (zum Beispiel im Garten) und ein gleichschenkliges Dreieck herausschneiden: Dazu an der Basisseite (Breite) die Mitte ermitteln und markieren. Von der Mitte ab einen Zollstock oder ein Maßband zur Spitze des Dreiecks legen. Jetzt eine Schnur von der Spitze zu einer Ecke spannen – am besten zusammen mit einem Helfer. Dann mit einer Stoffschere entlang der Linie, die die Schnur bildet, schneiden. Mit der anderen Seite ebenso verfahren. Zum Schluss die Kanten versäubern, zweimal falten und mit einem Steppstich versehen, eventuell mit einem aufgenähten Baumwollband verstärken.

7. Die Ecken mit kleinen, aus dem Baumwollband zurechtgeschnittenen Schlaufen versehen und einen Metallring für die Aufhängung befestigen. Haken im Mauerwerk und in einem Baum anbringen, eventuell mit einer Metallkette verlängern.

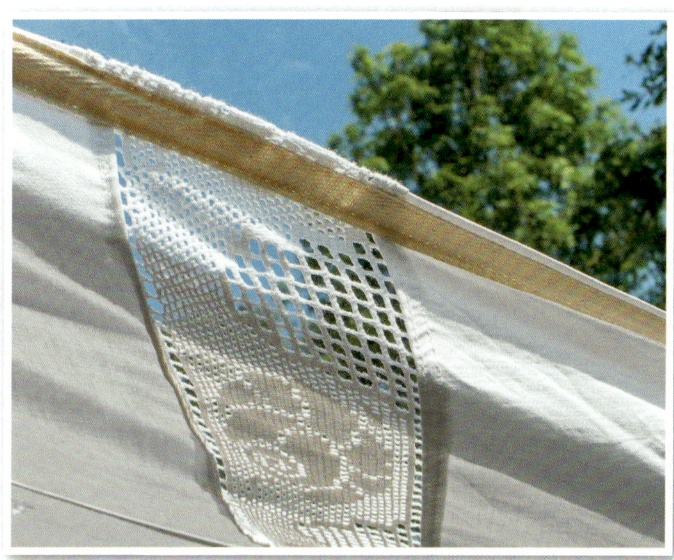

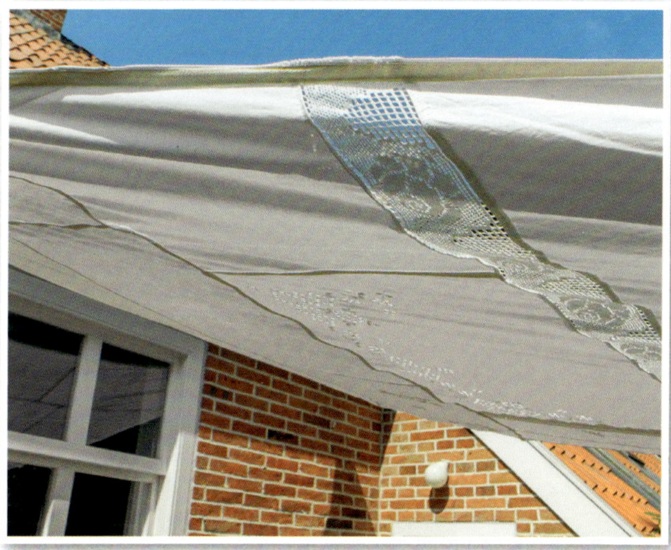

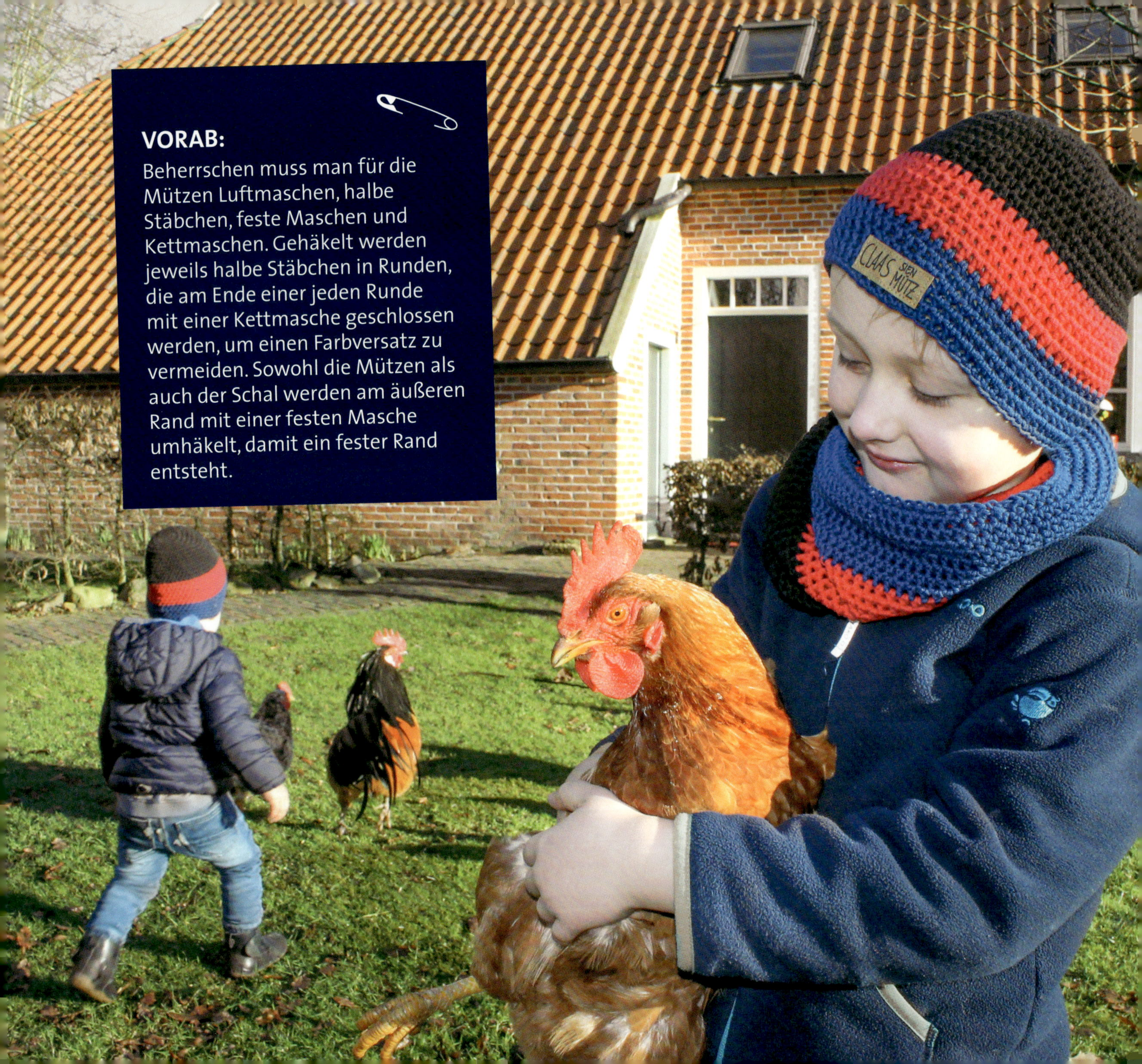

VORAB:

Beherrschen muss man für die Mützen Luftmaschen, halbe Stäbchen, feste Maschen und Kettmaschen. Gehäkelt werden jeweils halbe Stäbchen in Runden, die am Ende einer jeden Runde mit einer Kettmasche geschlossen werden, um einen Farbversatz zu vermeiden. Sowohl die Mützen als auch der Schal werden am äußeren Rand mit einer festen Masche umhäkelt, damit ein fester Rand entsteht.

Ostfriesenmützen und Schal

Es war ihr Onkel Ontje aus Amdorf (Samtgemeinde Jümme), der Gitta Lüpkes auf die Idee brachte, eine Mütze in den Farben der Ostfriesland-Flagge zu fertigen. Sie verwendete Baumwollgarn, das kratzt nicht und macht die Mützen nicht zu dick. So sind sie, ideal für ostfriesisches Wetter, das ganze Jahr über tragbar. Weil ihr die Mütze so gut gefiel, häkelte Gitta gleich noch zwei für ihre beiden kleinen Söhne Claas und Peter, einen Schlauchschal und eine Ballonmütze für sich selbst. Die Ostfriesenmütze ist auch für Handarbeitsanfänger geeignet.

GRÖßEN

Mütze Größe S 48-51 cm
Mütze Größe M 52-56 cm
Mütze Größe L 57-60 cm
Schal Größe M, Umfang ca. 58 cm

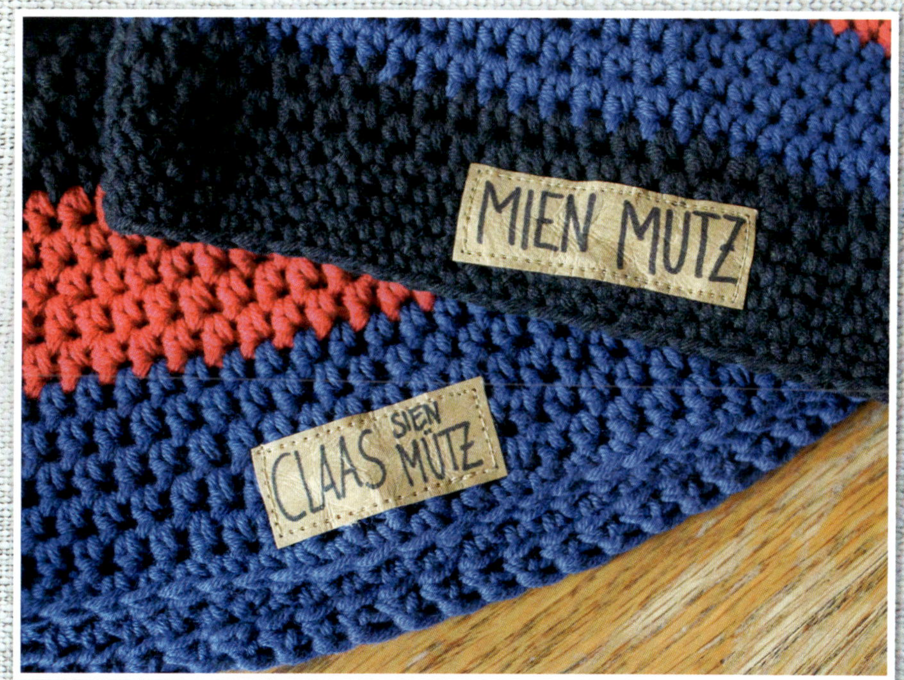

FARBFOLGE

Mütze S: 13 Runden schwarz, 5 Runden rot, 5 Runden blau

Mütze M: 13 Runden schwarz, 5 Runden rot, 5 Runden blau

Mütze L: 22 Runden schwarz, 5 Runden rot, 5 Runden blau, 6 Runden schwarz

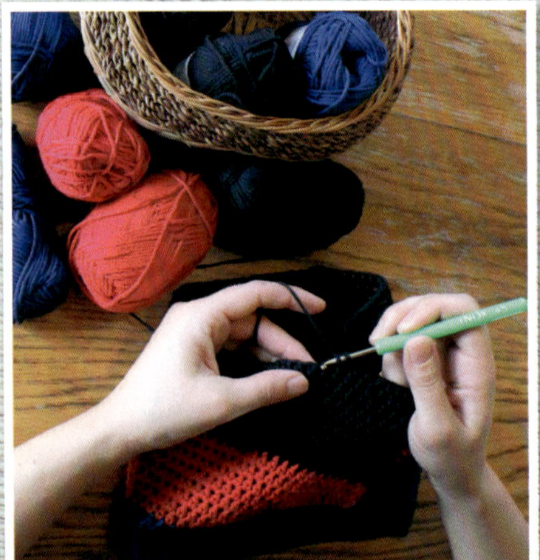

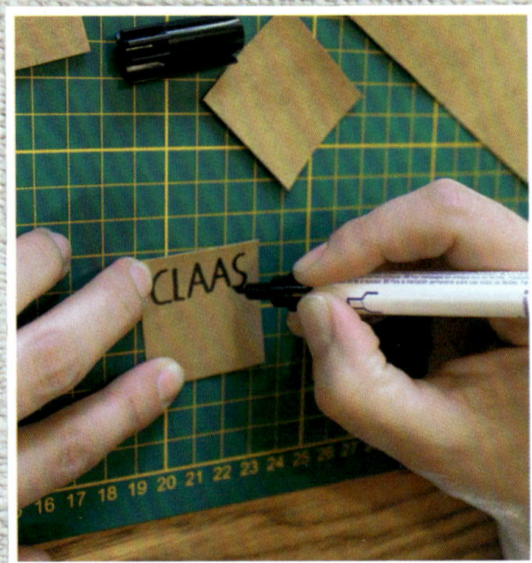

FERTIGUNG DER MÜTZEN GRÖSSE S UND M

Die Mütze wird in der oberen Mitte begonnen. Hierzu einen Fadenring herstellen (alternativ 4 Luftmaschen anschlagen und mit einer Kettmasche zum Ring schließen). In diesen Ring 11 halbe Stäbchen häkeln und mit einer Kettmasche die Runde abschließen. In Runde 2 jede zweite Masche verdoppeln. Runde 3: jede dritte Masche verdoppeln. Runde 4: jede vierte Masche verdoppeln usw. Für die Mütze in Größe S: 5 Runden wie beschrieben häkeln (55 Maschen), ab Runde 6 noch 18 weitere Runden ohne Maschenzunahme häkeln (55 Maschen), insgesamt 23 Runden. Abschließend den äußeren Rand mit einer Runde fester Maschen versehen.

Die Mütze in Größe M gleichermaßen fertigen. Hier werden 6 Runden mit Verdoppelung gehäkelt (66 Maschen) und anschließend noch 17 weitere Runden ohne Verdoppelung (insgesamt 23 Runden). Auch hier ein Abschluss mit festen Maschen.

FERTIGUNG DER BALLONMÜTZE GRÖSSE L

Beginn wie oben. Runde 1: 11 halbe Stäbchen in den Fadenring. Runde 2: jede zweite Masche verdoppeln (22 Maschen). Runde 3: jede dritte Masche verdoppeln (33 Maschen), Runde 4: jede vierte Masche verdoppeln (44 Maschen) usw. Runde 9: jede neunte Masche verdoppeln (99 Maschen). Runde 10-19: jede Masche einfach häkeln, Runde 20: jede 15. und

16. Masche zusammenhäkeln (92 Maschen), Runde 21: jede Maschen einfach häkeln, Runde 22: jede 20. und 21. Masche zusammenhäkeln (88 Maschen), Runde 23-33: einfach häkeln, Runde 34-38: Nun statt der halben Stäbchen feste Maschen häkeln.

Zur Fertigstellung der Mützen die Fäden mit einer Stopfnadel vernähen und Restfäden mit einer Schere abschneiden. Wer mag, kann ein Stück waschbares Papier zurechtschneiden und mit einem Textilstift beschriften. Das Namensschild per Hand oder mithilfe einer Nähmaschine am Rand der Mütze anbringen.

FERTIGUNG DES SCHALS (SCHLAUCHSCHAL)

Größe M (58 cm Umfang) lässt sich ganz einfach durch Zu- oder Abnahme an Luftmaschen in der Größe variieren. Hierfür 80 Luftmaschen anschlagen und mit einer Kettmasche zu einem Ring schließen. Nun 8 Reihen (80 Maschen) in Schwarz (halbe Stäbchen) häkeln, 8 Reihen in Rot und 8 Reihen in Blau häkeln. Jeweils die beiden äußeren Ränder mit festen Maschen versehen. Fadenenden vernähen und Restfäden abschneiden.

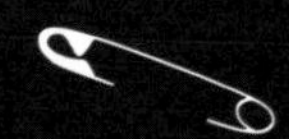

MATERIAL UND WERKZEUG

- weiches Baumwollgarn
  Nadelstärke 4-5
  Mütze Größe S und M: 50 g Schwarz, 50 g Rot und 50 g Blau
  Mütze Größe L: 100 g Schwarz, 50 g Rot und 50 g Blau
  Schal: 50 g Schwarz, 50 g Rot und 50 g Blau
- Häkelnadel in Stärke 4,5
- Schere
- Stopfnadel
- Nähnadel oder Nähmaschine
- Maßband, um Größen zu ermitteln
- 1 Stück waschbares Papier (veganes Leder)
- passendes Nähgarn
- Textilstift

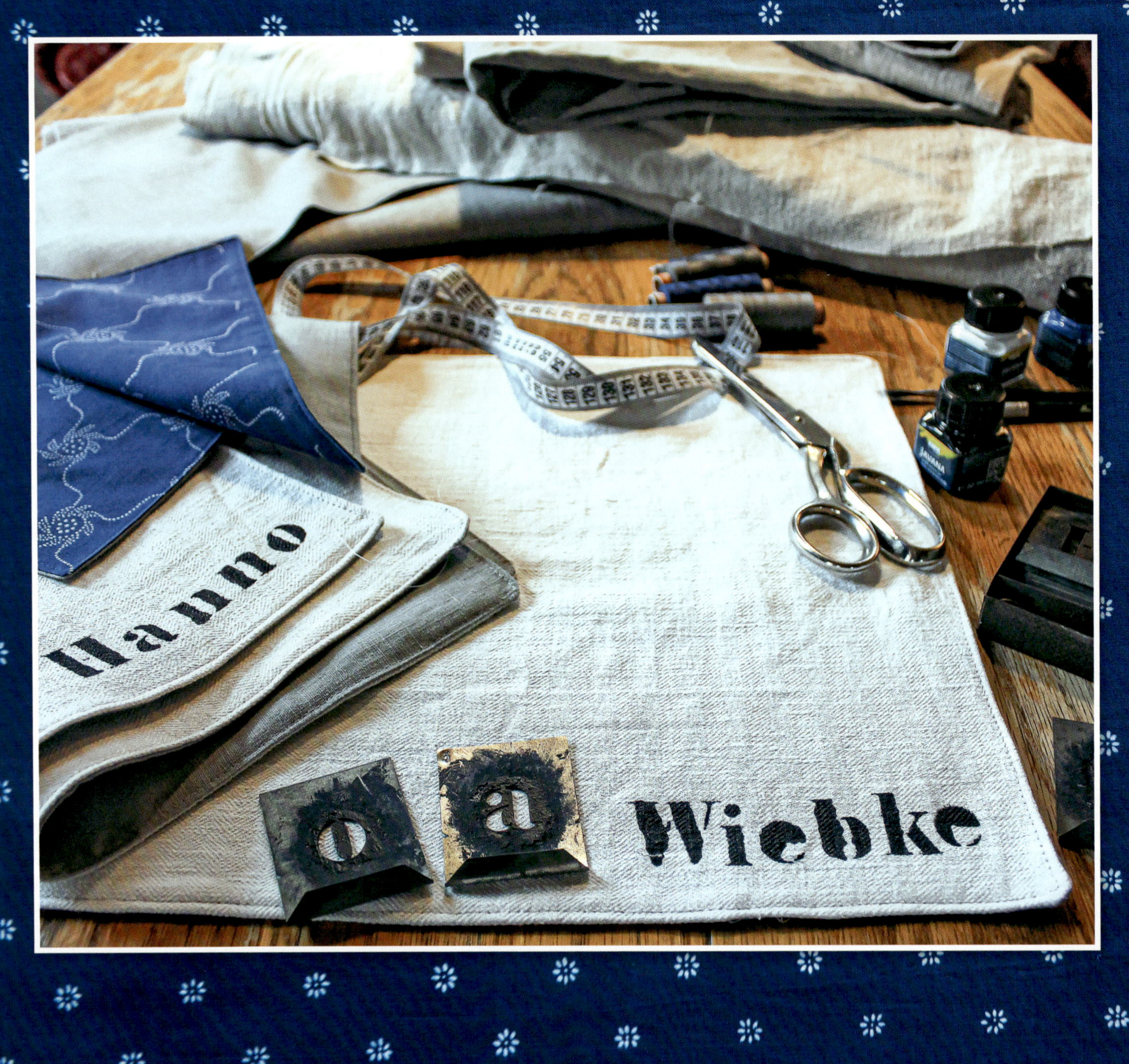
Hanno
Wiebke

Genähte Platzsets mit Namen

Platzsets schmücken jeden Tisch – mit diesen Untersetzern hat jeder sein ganz persönliches. Aus alten Geschirrhandtüchern und Leinen zweilagig genäht und mit Namen „bedruckt". Die Schrift der antiken Schablonen vom Flohmarkt erinnert an die Buchstaben auf alten Teekisten. Die schlichten Sets sind nicht nur dekorativ und praktisch, sondern machen auch Lust, einfach mal die angestammten Plätze am Familientisch zu tauschen.

Die Platzsets sind zweilagig – man kombiniert alte und neue Stoffe, zum Beispiel neuen hellgrauen Leinenstoff und ein altes Geschirrhandtuch aus Leinen.

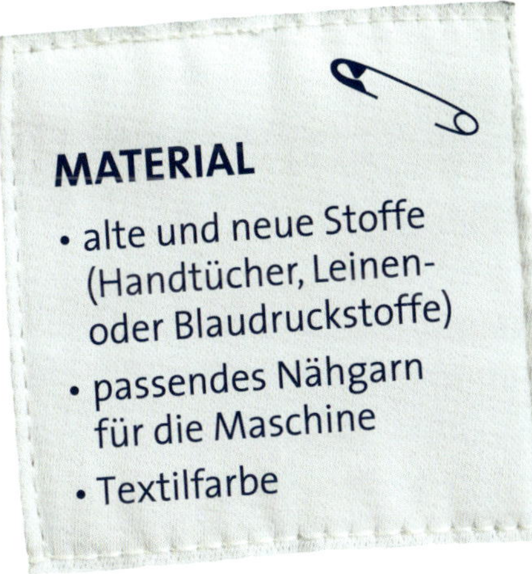

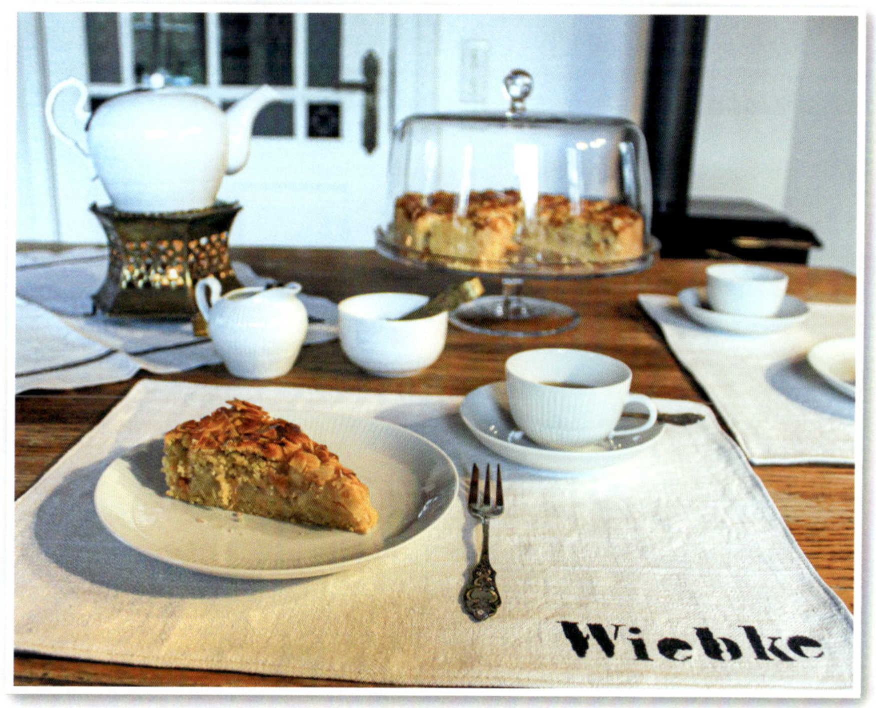

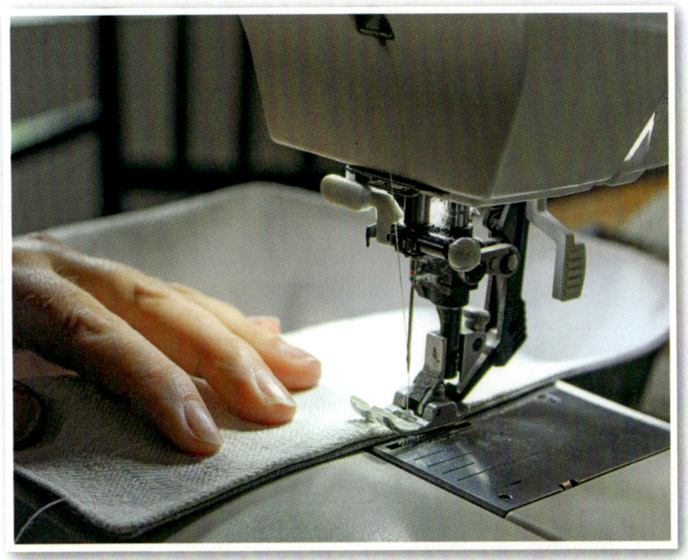

1. Zuerst die beiden Stoffe auf gleiche Größe zuschneiden. Die beiden Lagen mit den jeweils guten Seiten aufeinanderlegen, sodass die beiden linken Seiten außen sind, eventuell mit Nadeln fixieren, damit sie beim Nähen nicht verrutschen. Nun beide Teile mit 0,5 cm Abstand zum Rand mit einem Steppstich vernähen, dabei eine Wendeöffnung von etwa 5 cm offen lassen.

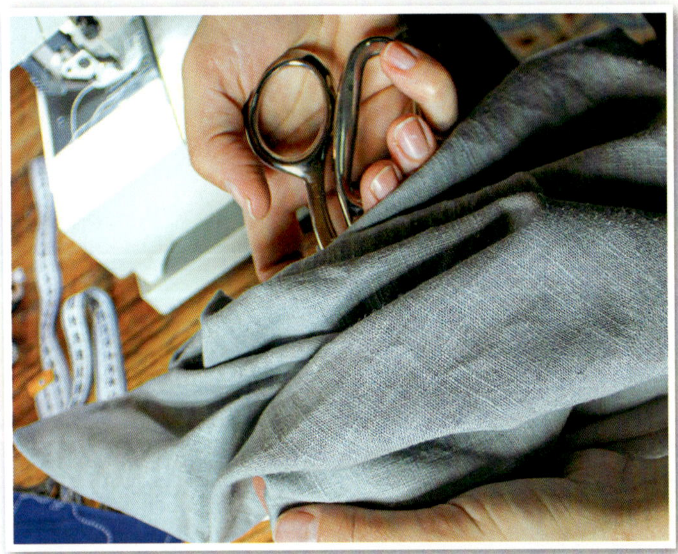

WERKZEUG

- Schere
- Maßband
- Stecknadeln
- Kreide oder Textilstift zum Anzeichnen
- Nähmaschine
- evtl. Schablonen
- Pinsel

2. Die vernähten Stoffe bügeln und Fäden abschneiden. Die Ecken etwas schräg anschneiden, damit sie sich später leichter ausformen lassen. Nun das Ganze wenden und die Seiten und Ecken (mithilfe einer Schere) ausformen und bügeln, um die Kanten zu festigen.

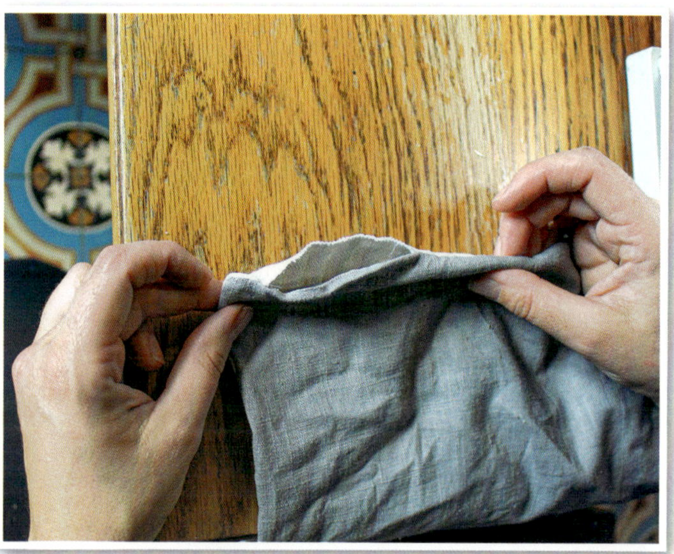

3. Anschließend mit Steppstich ca. 0,3 cm vom Rand eine Ziernaht steppen, dabei auch die Wendeöffnung schließen.

4. Zum Schluss die Platzsets nach Wunsch verzieren. Gitta Lüpkes hat mit antiken Schablonen und dunkelblauer Textilfarbe Namen „aufgedruckt". Die Schablonen lassen sich auch aus fester Pappe selbst herstellen. Oder man schreibt die Namen einfach frei Hand auf den Stoff.

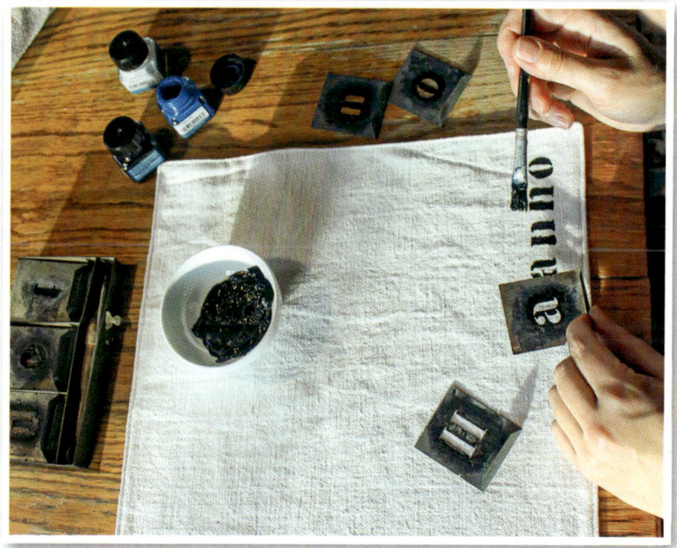

Erntekrone und Kranz

Das gemeinsame Binden der Erntekrone ist nach wie vor Brauch im landwirtschaftlich geprägten Ostfriesland. Zum Erntedankfest wird die ganze Vielfalt der Feldfrüchte zur Schau getragen. Auch zu Hause machen sich die bunten Gaben gut als Herbstdekoration.

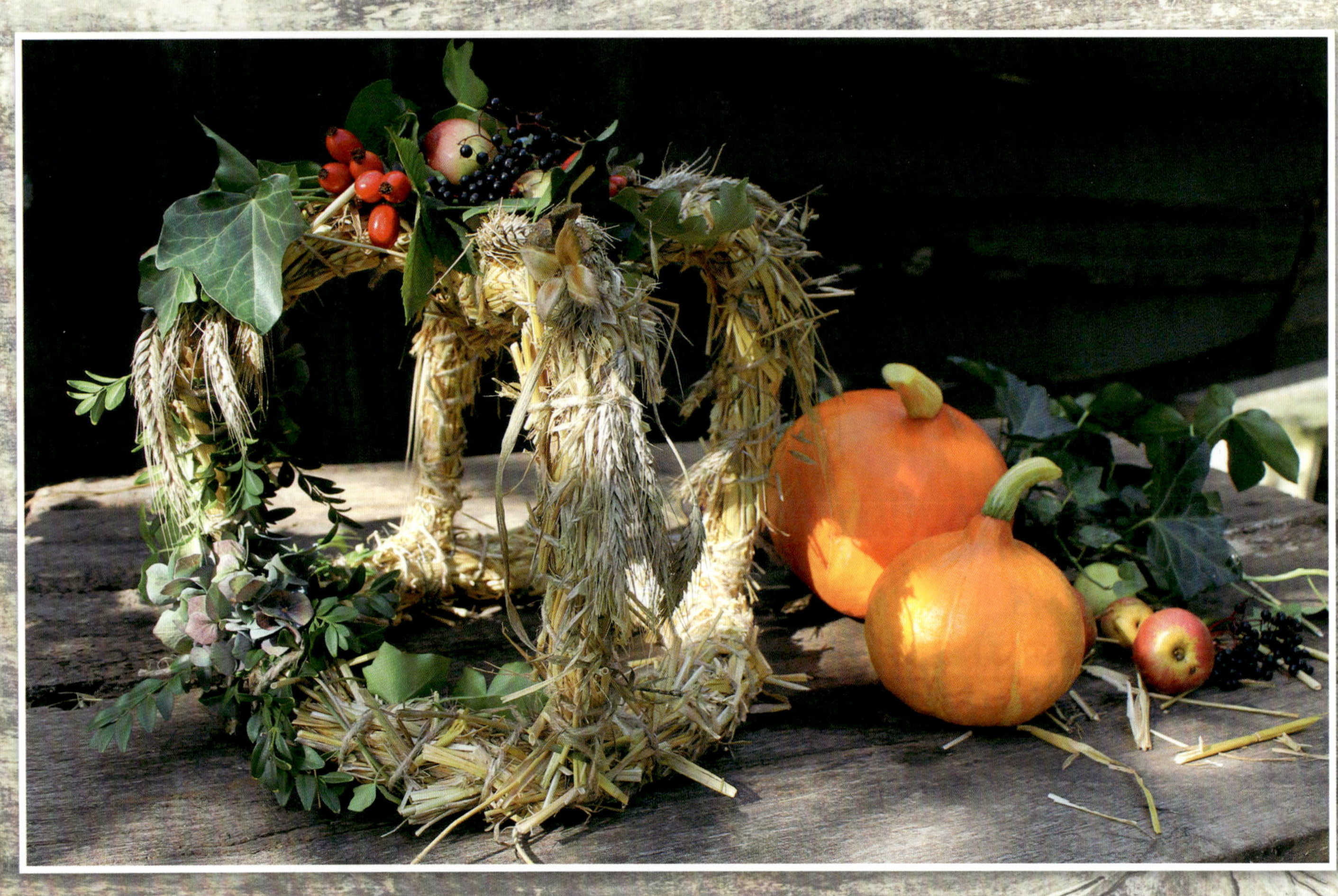

MATERIAL ERNTEKRANZ

- großer Ring (hier Metallreifen, ca. 60 cm Durchmesser)
- alter Kartoffelsack
- Stroh
- Bindedraht
- dicke Sisalschnur
- Efeu
- halb vertrocknete Hortensienblüten
- Äpfel
- Maiskolben etc.

WERKZEUG

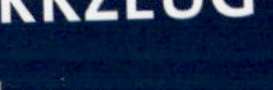

- Schere
- Drahtschere
- Gartenschere

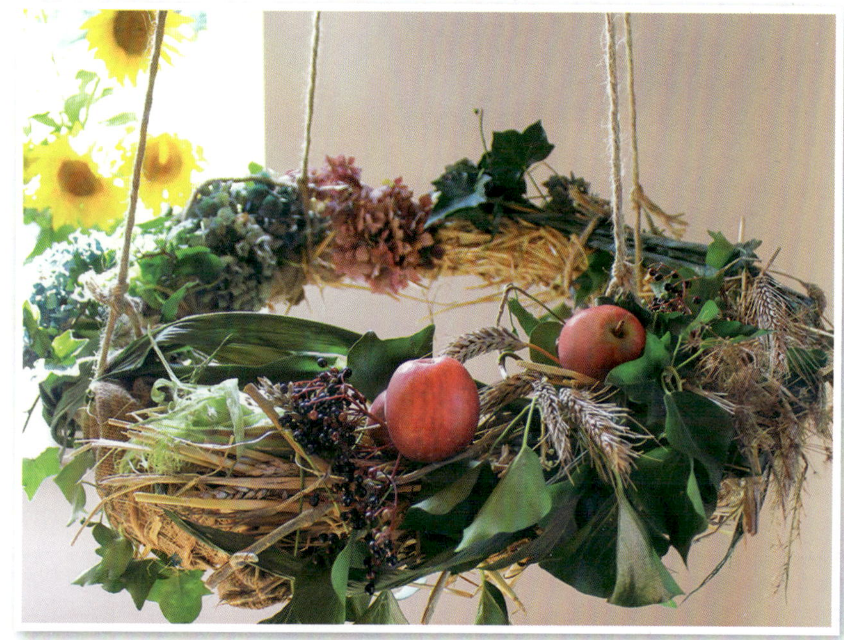

ERNTEKRANZ

Etwa ein Drittel des Rings mit dem Kartoffelsack umwickeln, mit Rosendraht befestigen und dann mit dicker Sisalschnur umwickeln. Den Rest des Kranzes mit Stroh versehen. Anschließend mit Blüten und Früchten schmücken. Sie können unter den Rosendraht geschoben werden. Zum Schluss vier gleichlange Schnüre zurechtschneiden und am Kranz als Aufhängung befestigen.

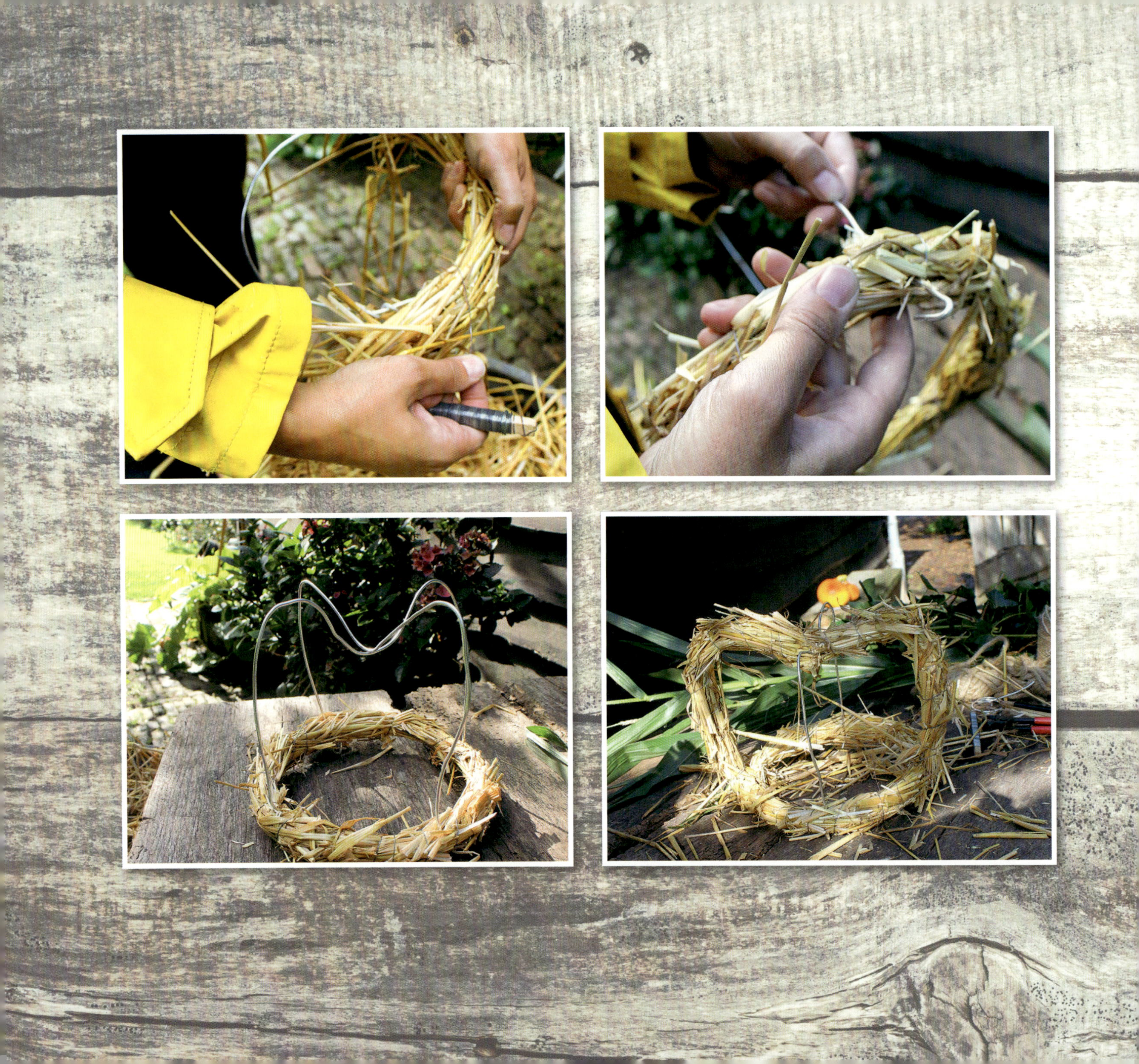

ERNTEKRONE

1. Man beginnt mit der Fertigung des Gestells. Hierfür Lötdraht zu einem Kreis formen. Diesen mit Strohbüscheln umwickeln und mit Rosendraht befestigen.

2. Für die Bögen den Draht in Form bringen und an den Enden ganz durch den fertigen Ring schieben. Die Enden jeweils zu einem Haken biegen und wieder anziehen, sodass der Draht sich im Strohring verankert. Nun alles mit Stroh umwickeln.

3. Anschließend die groben, abstehenden Halme abschneiden. Am Ende die Krone mit Sisalschnur so umbinden, dass der noch sichtbare Draht verschwindet. Nun die gesammelten Blätter und Früchte nach Belieben befestigen. Entweder werden diese unter die Sisalschnur geschoben, oder man befestigt diese mit Draht.
   Den kleinen Apfel mit einem Nagel versehen und in die Krone stecken.

MATERIAL ERNTEKRONE

- dicker Draht (Lötdraht)
- Bindedraht
- lange Nägel
- dünnes Sisalband
- Stroh mit Ähren
- Buchsbaumzweige
- Efeu
- Eichenblätter mit Eicheln
- Hagebutten
- kleine Äpfel
- Holunder

WERKZEUG

- Schere
- Drahtschere
- Gartenschere

Ostfriesische Strauchbesen

„Struukbessen", wie sie auf Plattdeutsch heißen, werden in Ostfriesland seit jeher als „Putzmittel" von Haus und Hof verwendet. Ob mit langem Besenstiel zum Fegen oder kurz abgebunden zum Reinigen von Töpfen und Milchkannen. In den Wintermonaten sieht man die Reisigbesen mancherorts auch durch die Luft fliegen, wenn die Ostfriesen ihren Volkssport „Struukbessen smieten" betreiben.

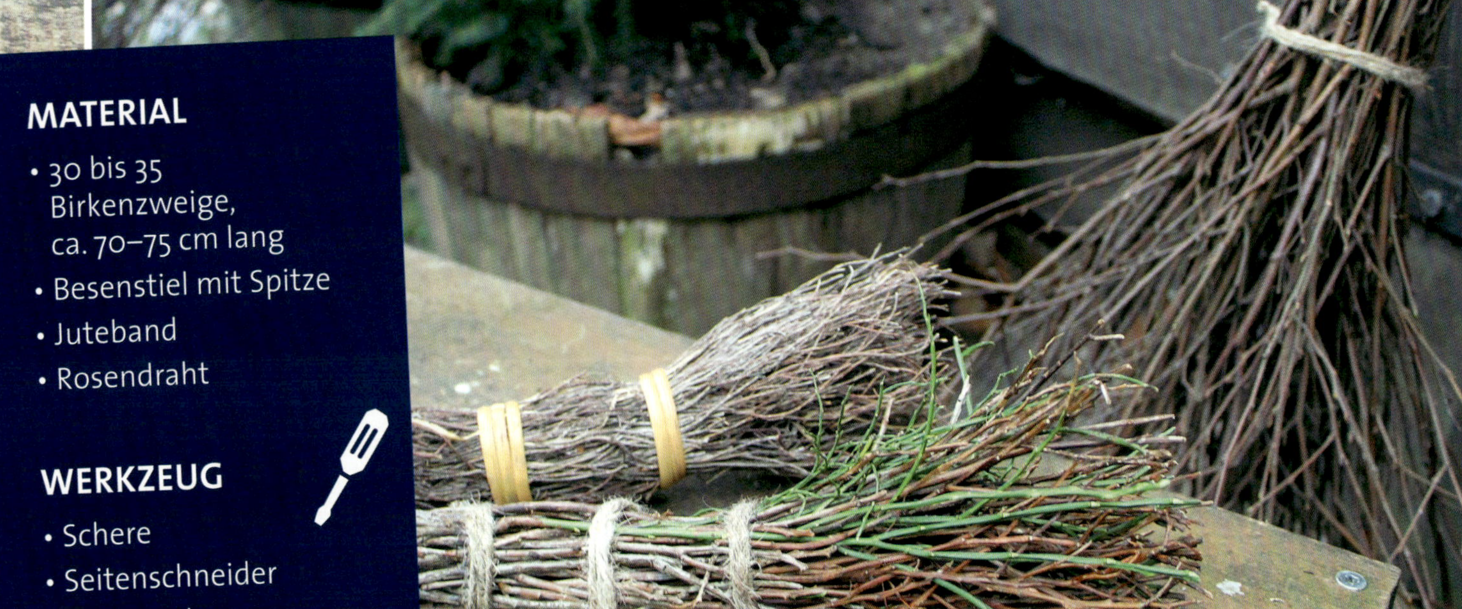

MATERIAL

- 30 bis 35 Birkenzweige, ca. 70–75 cm lang
- Besenstiel mit Spitze
- Juteband
- Rosendraht

WERKZEUG

- Schere
- Seitenschneider
- Gartenschere

LANGER STRAUCHBESEN

Die Zweige auf gleiche Länge schneiden, dabei im oberen Bereich (die ersten 10 cm) die Seitentriebe entfernen. Die Zweige bündeln und mit Rosendraht sehr fest umwickeln. Dann an zwei weiteren Stellen (nach Augenmaß) binden. Wenn alles sehr fest gebunden ist, die Stellen mit Juteband umwickeln und festknoten. Das Band sieht nicht nur schön aus, es gibt dem Besen auch Stabilität. Der kurze „Struukbessen" ist fertig.
Für den langen Besen nun den Besenstiel, am besten angespitzt, mittig in das Birkenbüschel drücken. Dazu den Besen drehen und den Stab kräftig auf den Boden stampfen, sodass er zwischen die Zweige getrieben wird.

Der kurze Handbesen, auf Plattdeutsch „Böhner", wurde früher aus Heidekraut gefertigt. Man kann aber auch Sträucher aus dem Garten nehmen. Gebunden wird er wie der lange Besen, die Sträucher müssen hier nur etwa 20 cm lang sein.

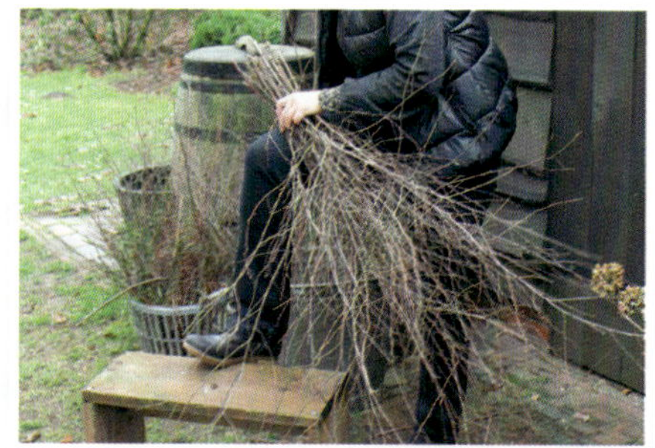

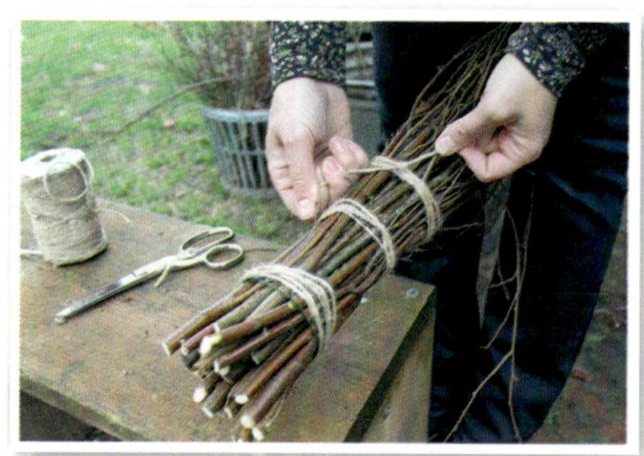

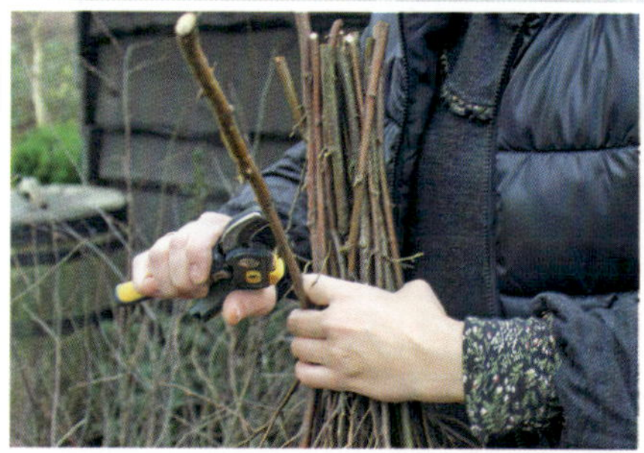

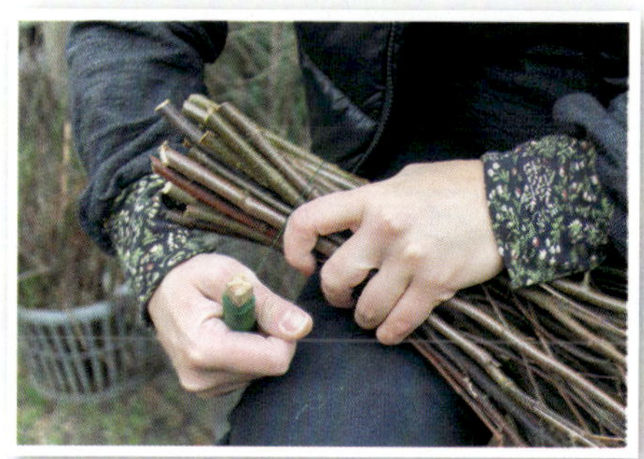

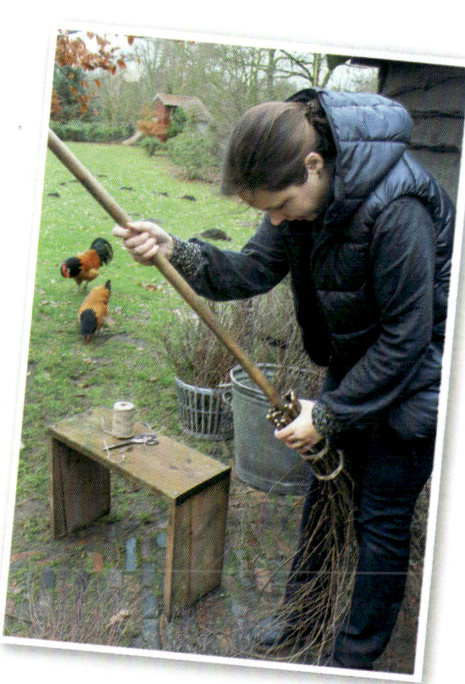

Tipp: Die Reste vom Strauchbesen auf Länge geschnitten und mit Rosendraht und Juteband um ein Einmachglas mit Kerze gewickelt, geben ein schönes Gartenlicht.

Martini-Lichter

Am 10. November, dem Geburtstag des Reformators Martin Luther, ziehen die Kinder in Ostfriesland nach altem Brauch singend mit Laternen von Haus zu Haus, um Süßigkeiten zu sammeln. Mit diesen stimmungsvollen Tischlichtern, verziert mit bekannten plattdeutschen Liedtexten, kann in gemütlicher Runde bei Tee, Moppen und Pepernöten auch zu Hause gesungen werden.

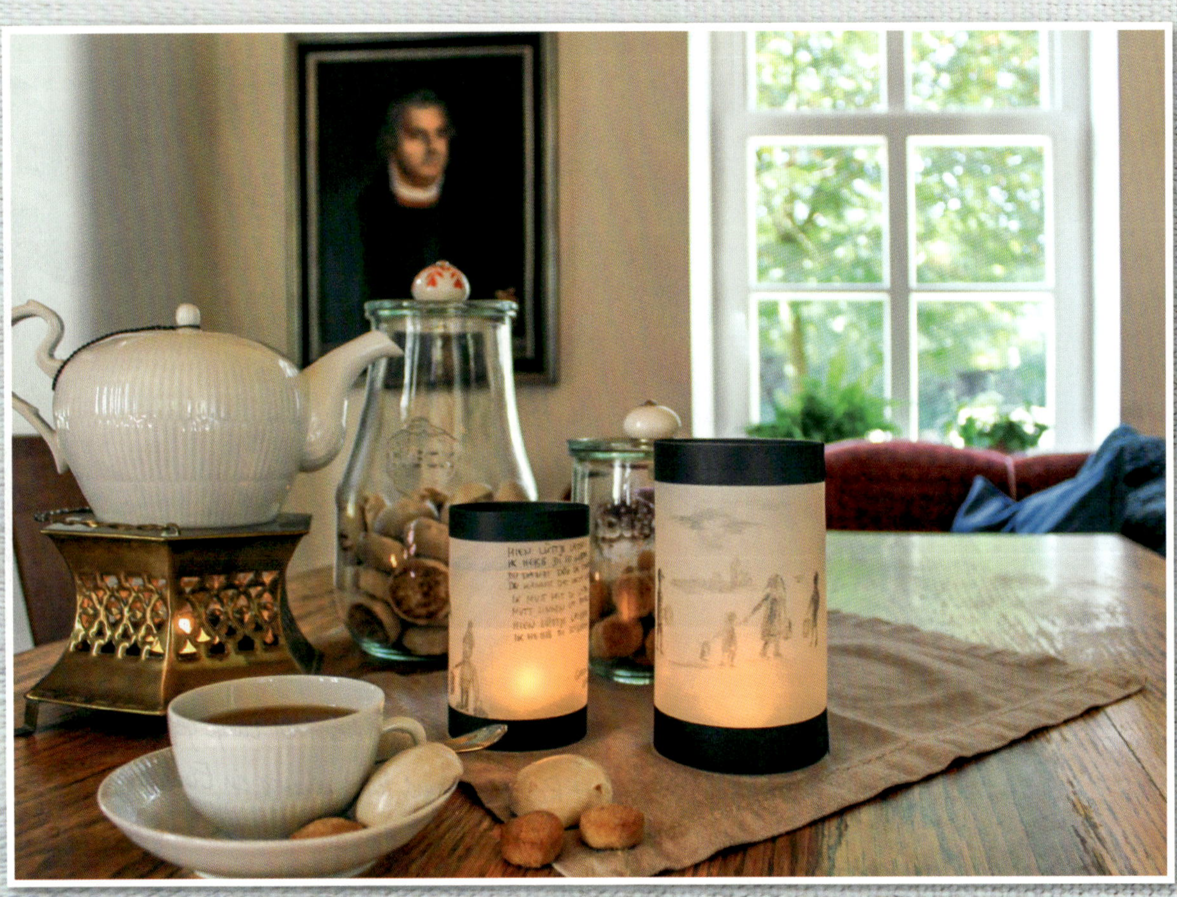

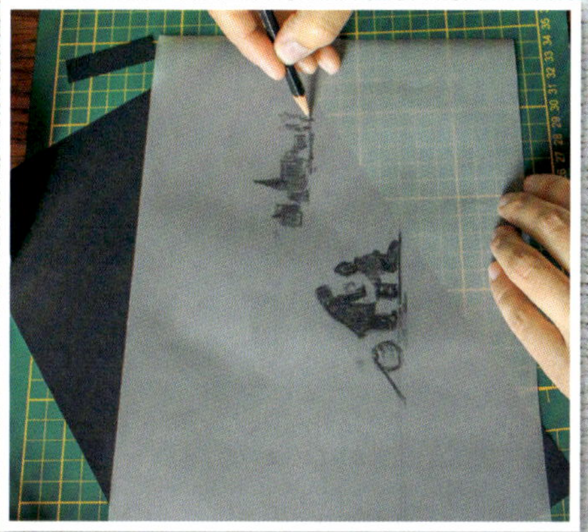

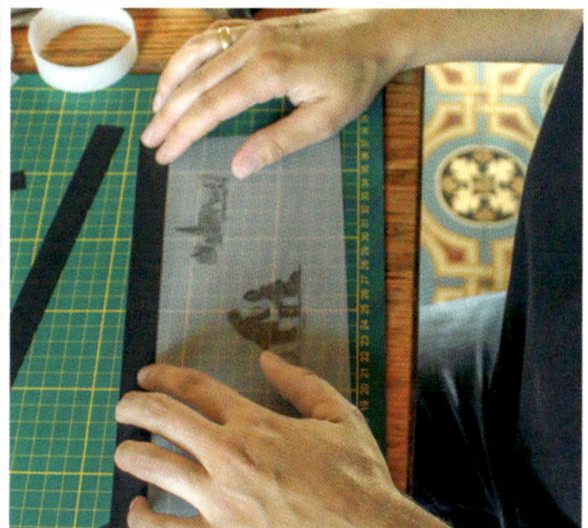

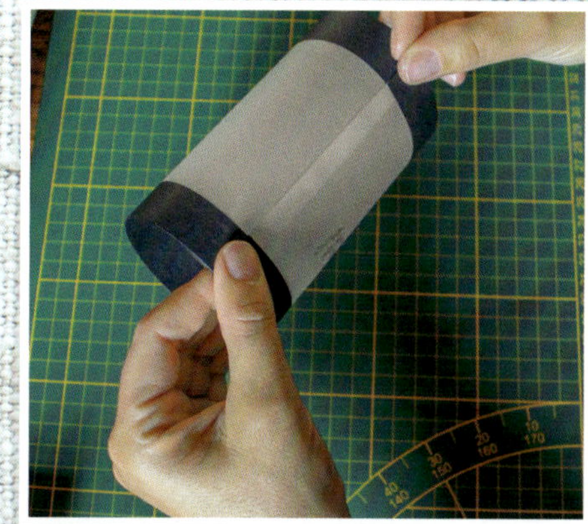

1. Mit weichem Bleistift auf festem Transparentpapier (ca. DIN A4) Kinder mit Laternen zeichnen. Einen gelungenen Ausschnitt auswählen, anzeichnen und zurechtschneiden. Große Laterne: 30 cm Länge, 15 cm Höhe. Kleine Laterne: 24 cm Länge, 11 cm Höhe.

2. Dann den Text eines Martini-Liedes neben die Zeichnungen schreiben. (Vorlagen für Bilder und Texte von Martini-Liedern finden sich bei Bedarf in Büchern oder im Internet.) Nun für jede Laterne drei ca. 1,5 cm breite Streifen Tonpapier für den oberen und unteren Rand zuschneiden und ankleben. Den dritten Streifen auf der Rückseite des oberen Randes befestigen.

3. Laternenzuschnitt zu einer Rolle formen und Enden miteinander verkleben. Zum Schluss die Laterne über ein kleines Glas mit Teelicht stülpen.

MATERIAL UND WERKZEUG

- Transparentpapier weiß (115 g/qm)
- Tonpapier schwarz
- Klebstoff
- kleines Glas
- Teelicht
- (plattdeutsche) Liedtexte zu Martini
- Schere
- Bleistift 2B oder weicher
- Lineal

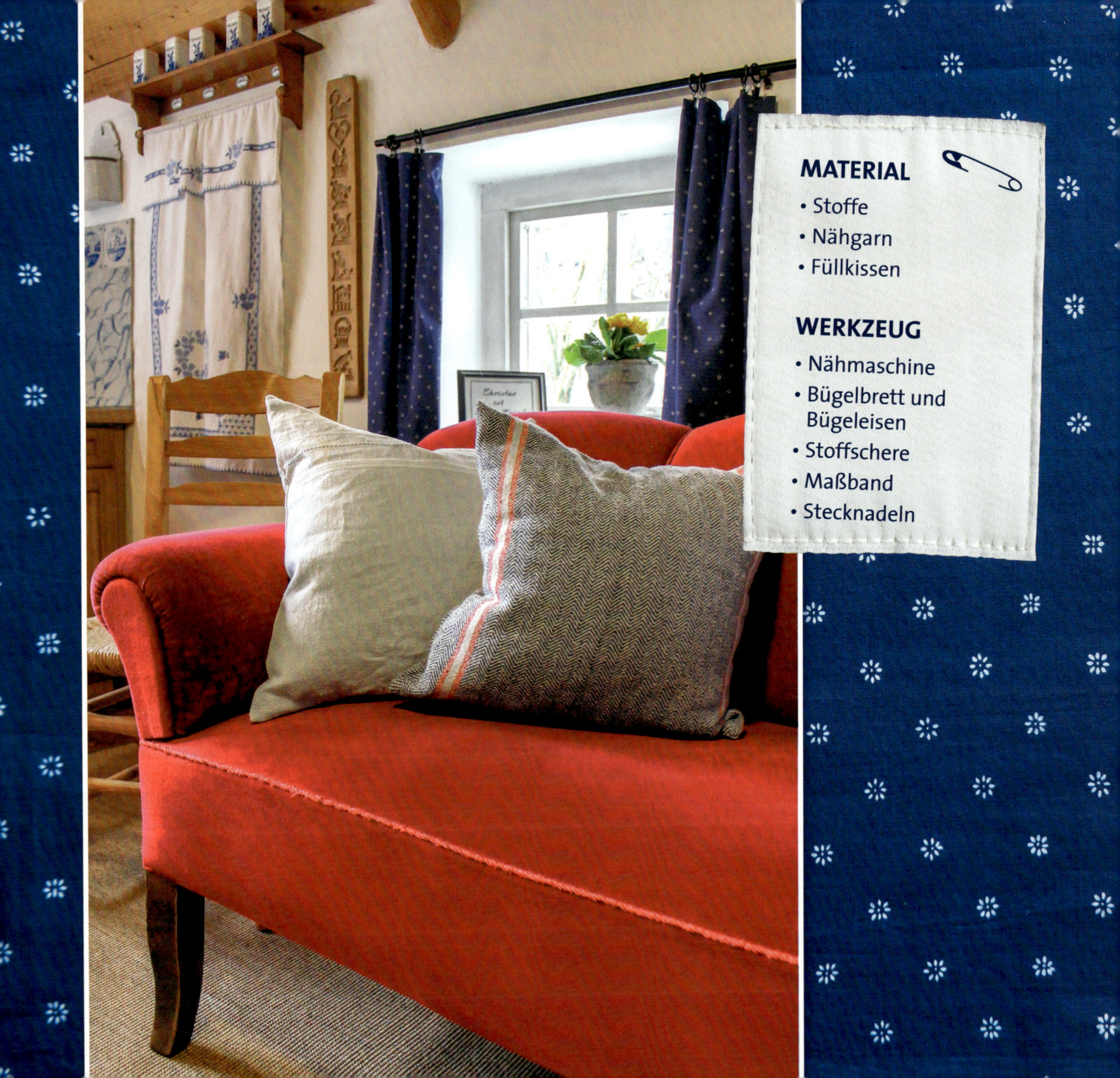

MATERIAL

- Stoffe
- Nähgarn
- Füllkissen

WERKZEUG

- Nähmaschine
- Bügelbrett und Bügeleisen
- Stoffschere
- Maßband
- Stecknadeln

Kissen fürs Ostfriesensofa

Das Ostfriesensofa, das seinen Platz traditionell in der Küche hat, lädt mit seinen abklappbaren Armlehnen nach dem Essen zum Füßehochlegen ein. Ein, zwei Kissen machen es bequemer und sind dazu noch dekorativ. Sie lassen sich mit wenig Aufwand aus schöner alter Bettwäsche, klassischen Geschirrhandtüchern oder bestickten Überwürfen für Handtuchhalter nähen.

KISSEN MIT „HOTELVERSCHLUSS“

Für ein Kissen mit den fertigen Maßen 40 x 40 cm wird ein Stoffstück in folgender Größe benötigt:

- 42 cm Breite (40 cm plus jeweils 1 cm Nahtzugabe pro Seite)
- 1 m Länge (40 + 40 cm + 20 cm für Saum und Eingriff)

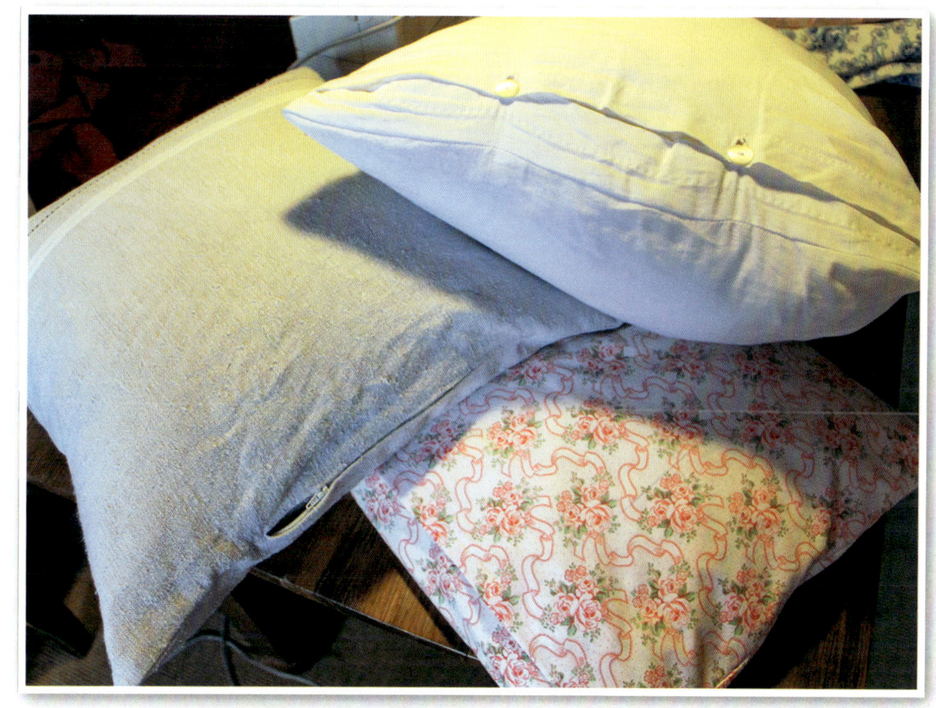

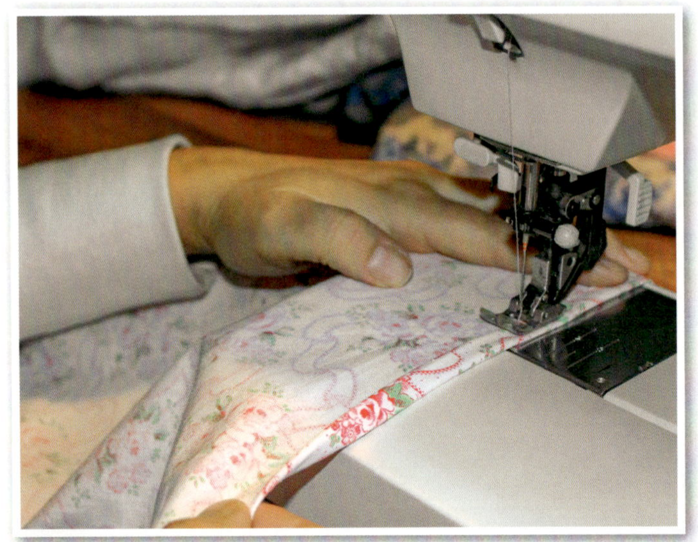

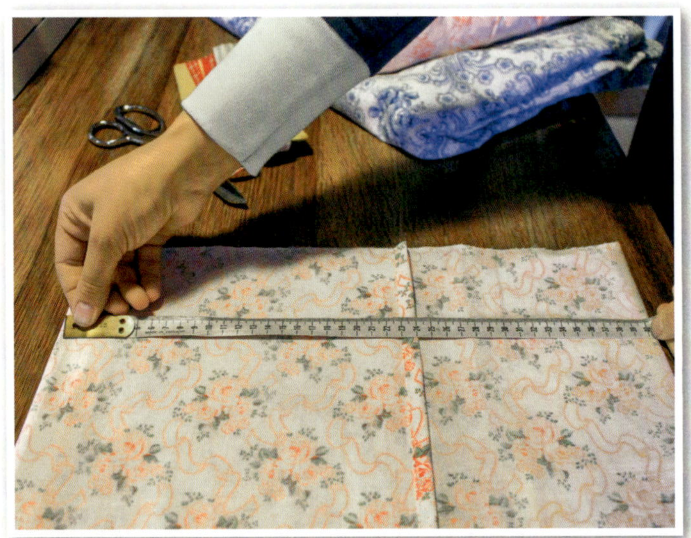

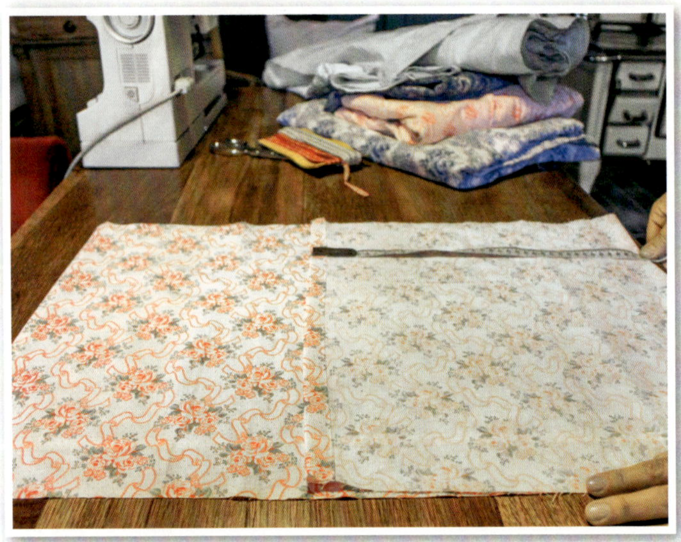

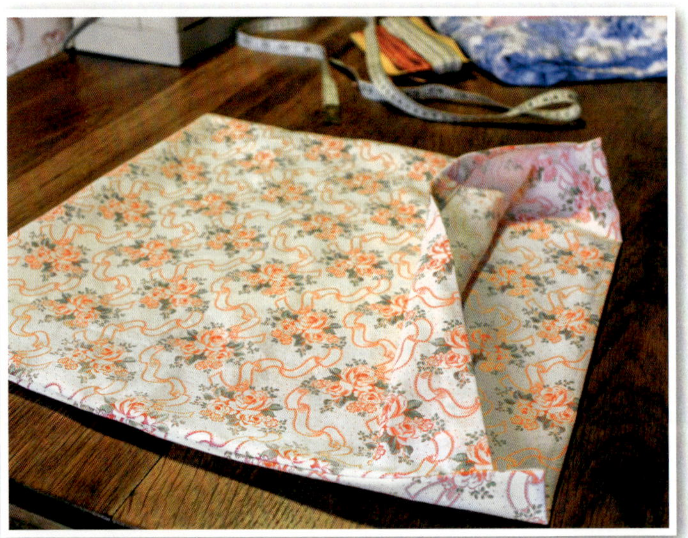

1. Die kurzen Seiten ca. 1 cm umschlagen und mit einem Steppstich versäubern. Stoff mit der schönen Seite nach oben ausbreiten und ein Ende ca. 38 – 39 cm hochklappen. Das andere Ende darüber legen, sodass die offenen Seiten eine Länge von 40 cm haben. Mit Nadeln beide Seiten fixieren, damit die Stofflagen nicht verrutschen können.

2. Jetzt mit einem Steppstich ca. 0,5 – 1 cm vom Rand die Stofflagen miteinander vernähen. Falls es sich um grobe Stoffe wie Leinen handelt, kann man die fransigen Kanten mit einem Zickzack-Stich versäubern. Damit die Ecken später schön ausgeformt sind, müssen diese vorsichtig mit der Schere angeschrägt werden. Mit einem Bügeleisen die Nähte bügeln.

3. Nun kann das Kissen durch die Öffnung auf rechts gewendet werden. Bezug, erneut bügeln und mit Füllkissen versehen – fertig.

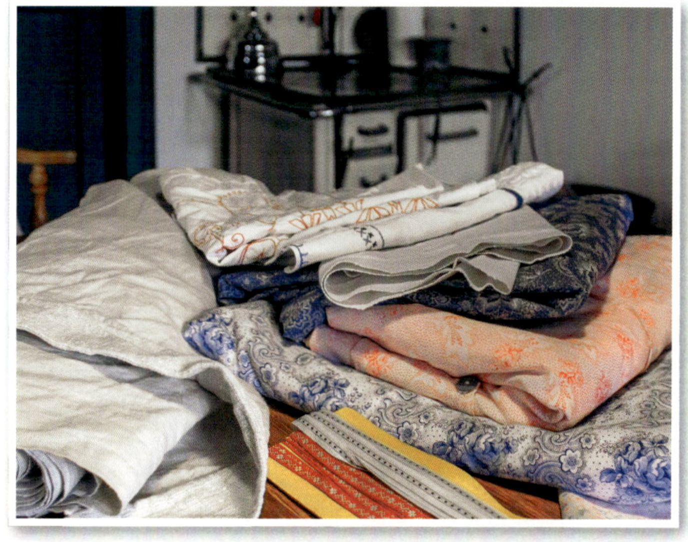

Tipp: Bei Kissen aus alter Bettwäsche kann man die vorhandene Knopfleiste als Verschluss einfach wiederverwenden.

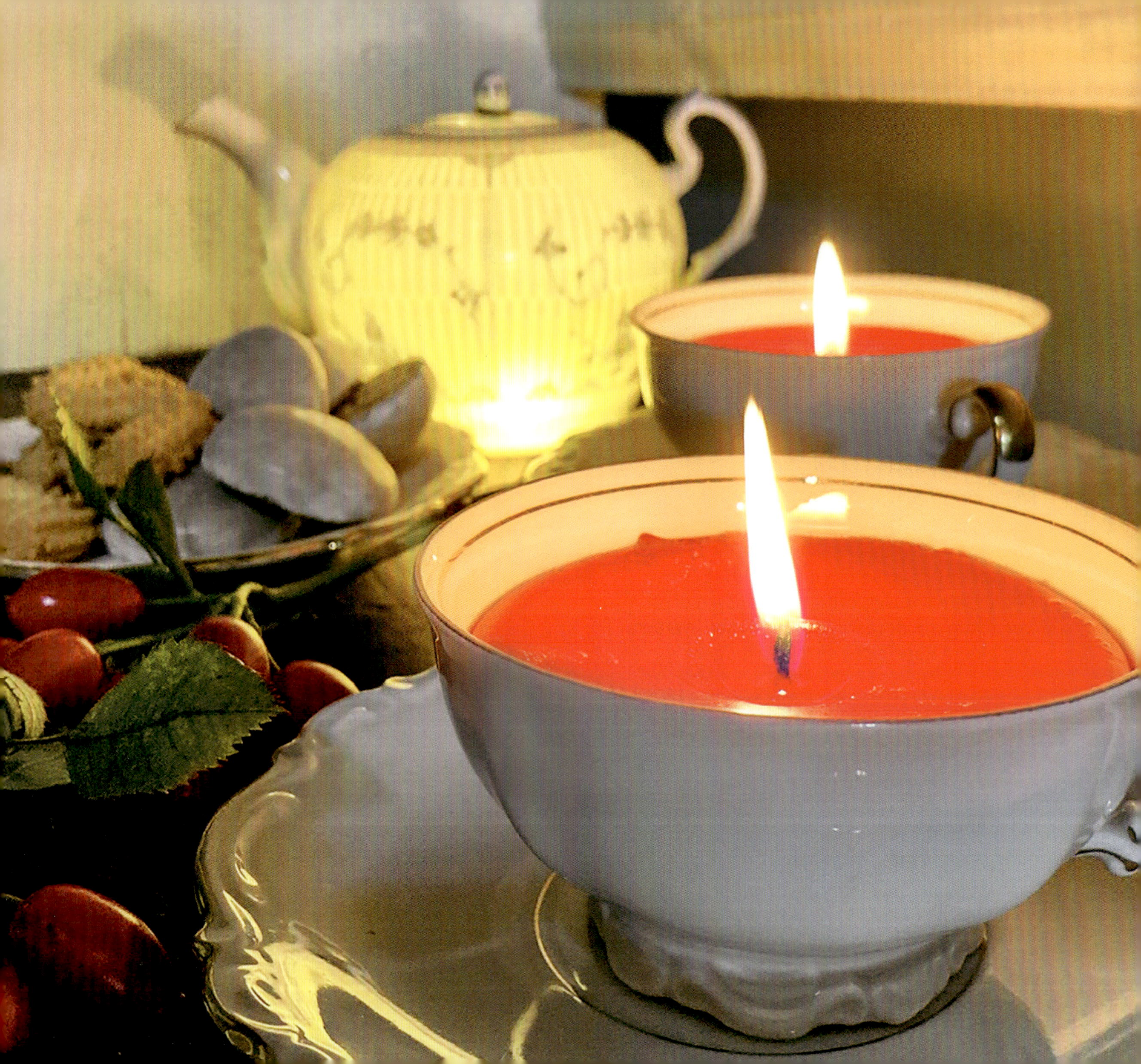

Dekoratives aus Tee-Geschirr

Ostfriesen lieben bekanntlich ihren Tee – und ihr Teeservice. Wenn es ausgedient hat, landet es nicht selten beim Polterabend. Dabei sind angestoßene Tassen und Teller eigentlich zu schade zum Wegwerfen. Drei Ideen: Originelle Tee-Lichter bringen Gemütlichkeit ins Haus, draußen freuen sich die Vögel über eine Futterstelle aus schönem Porzellan und alte Teelöffel dienen als dekorative Handtuchhalter. Die Basteleien eignen sich auch als Mitbringsel oder selbst gemachtes Weihnachtsgeschenk.

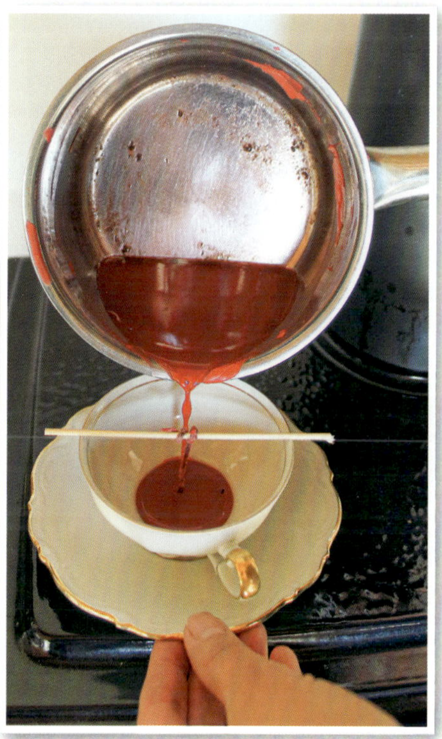

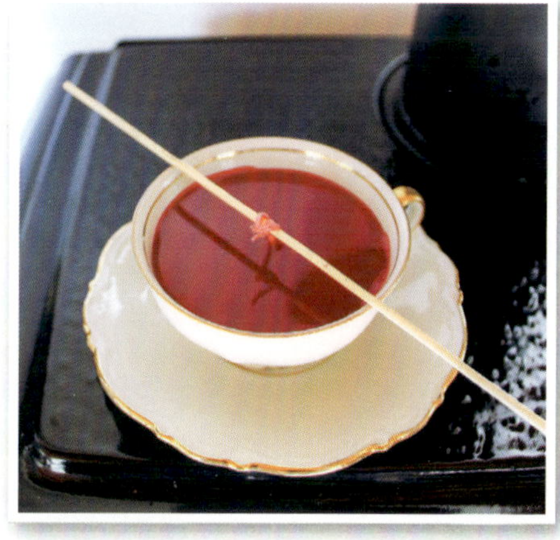

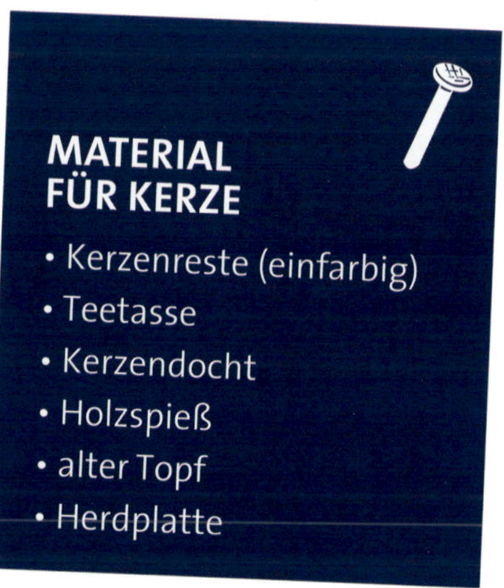

MATERIAL FÜR KERZE

- Kerzenreste (einfarbig)
- Teetasse
- Kerzendocht
- Holzspieß
- alter Topf
- Herdplatte

TEEKERZE

Die Kerzenreste in einem Topf bei niedriger Temperatur schmelzen lassen. Den Docht (hier 10 cm lang) an einem Ende um den Holzspieß wickeln, das andere Ende in die Tasse hängen lassen. Nun das flüssige Wachs in die Tasse gießen und abkühlen lassen.

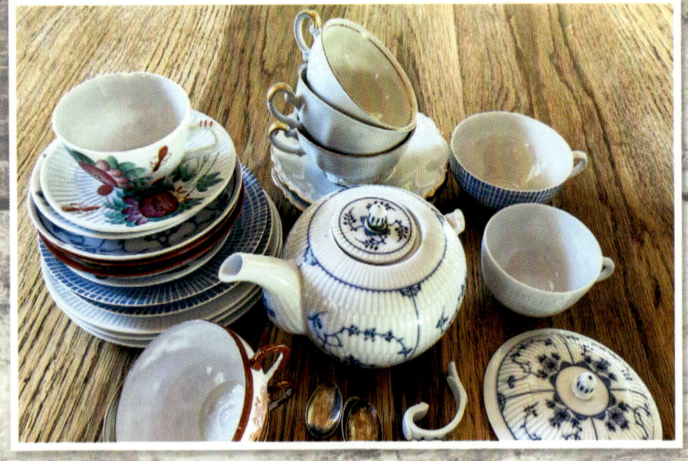

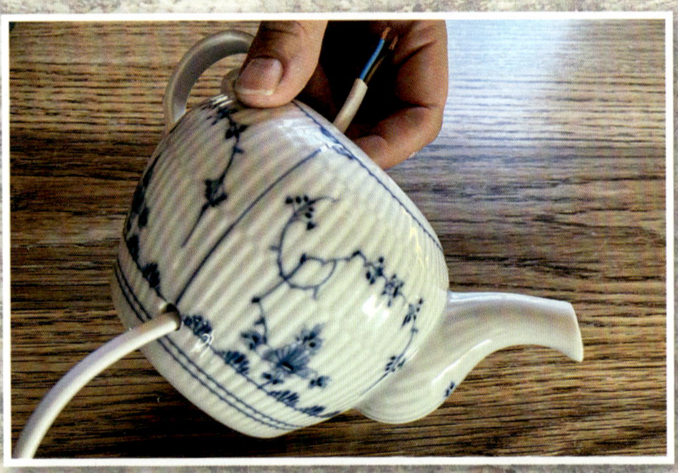

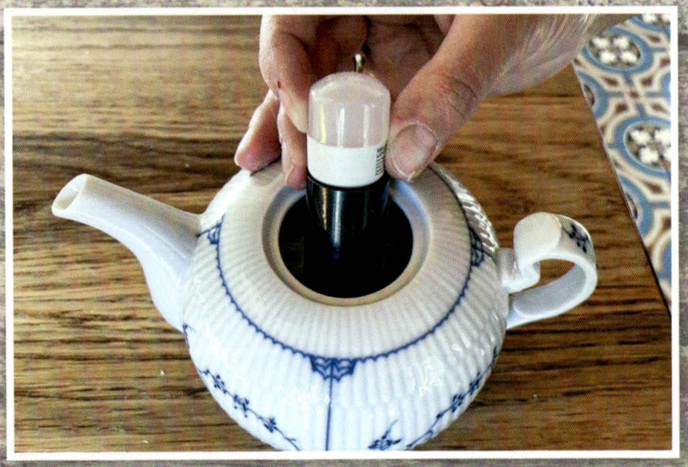

MATERIAL UND WERKZEUG

- alte Teekanne
- kleines Beleuchtungsset mit Kabel, Lampenfassung, Stecker, Schalter und passender kleiner Glühlampe
- Glasbohrer (8 mm Durchmesser)
- Bohrmaschine
- Schraubendreher

BELEUCHTETE TEKANNE

Eine Teekanne, bei der der Henkel abgebrochen ist, eignet sich wunderbar als kleine Lampe. Dazu mit einem 8-mm-Glasbohrer ein Loch unten in die Rückseite der Teekanne bohren, das Kabel durchziehen, die Lampenfassung anbringen, die Glühlampe aufschrauben und einfach in die Kanne legen.

VOGELFUTTERSTELLE

Mit einem Glasbohrer jeweils ein Loch mittig in Tasse und Teller bohren. Die Schraube durch den Kuchenteller stecken und mit Montagekleber fixieren. Noch besser eignet sich eine Gewindestange, bei der der Teller mit einer Mutter befestigt werden kann. Nun eine weitere Mutter aufschrauben, die Tasse umgekehrt aufstecken und mit einer Mutter festschrauben. Zum Schluss an der Schraube auf der Unterseite des Tellers die Aufhängung aus Draht anbringen, aufhängen und die Tasse mit Vogelfutter befüllen.

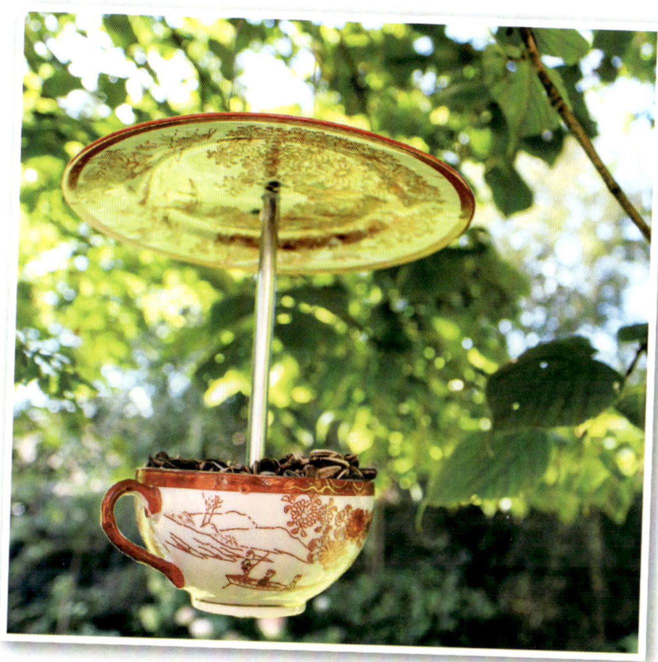

MATERIAL UND WERKZEUG

- Kuchenteller
- Teetasse
- ca. 16 cm lange Schraube oder Gewindestange mit 8 mm Durchmesser
- 2–4 passende Muttern
- Draht für die Aufhängung
- evtl. Montagekleber
- Glasbohrer (8 mm)
- Bohrmaschine

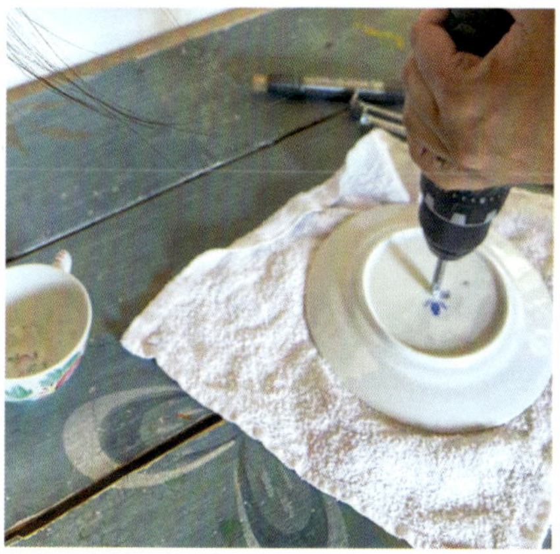

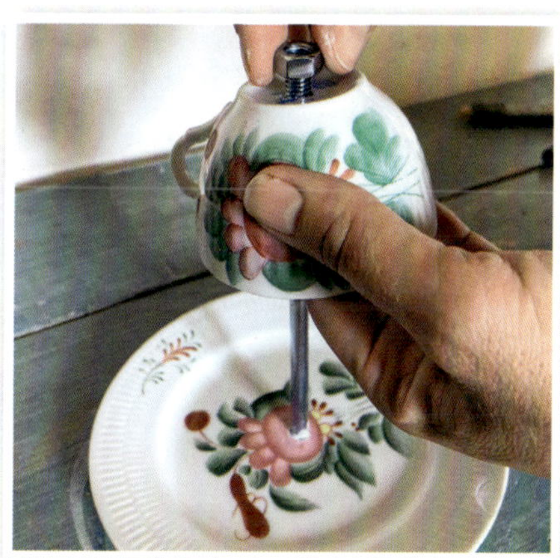

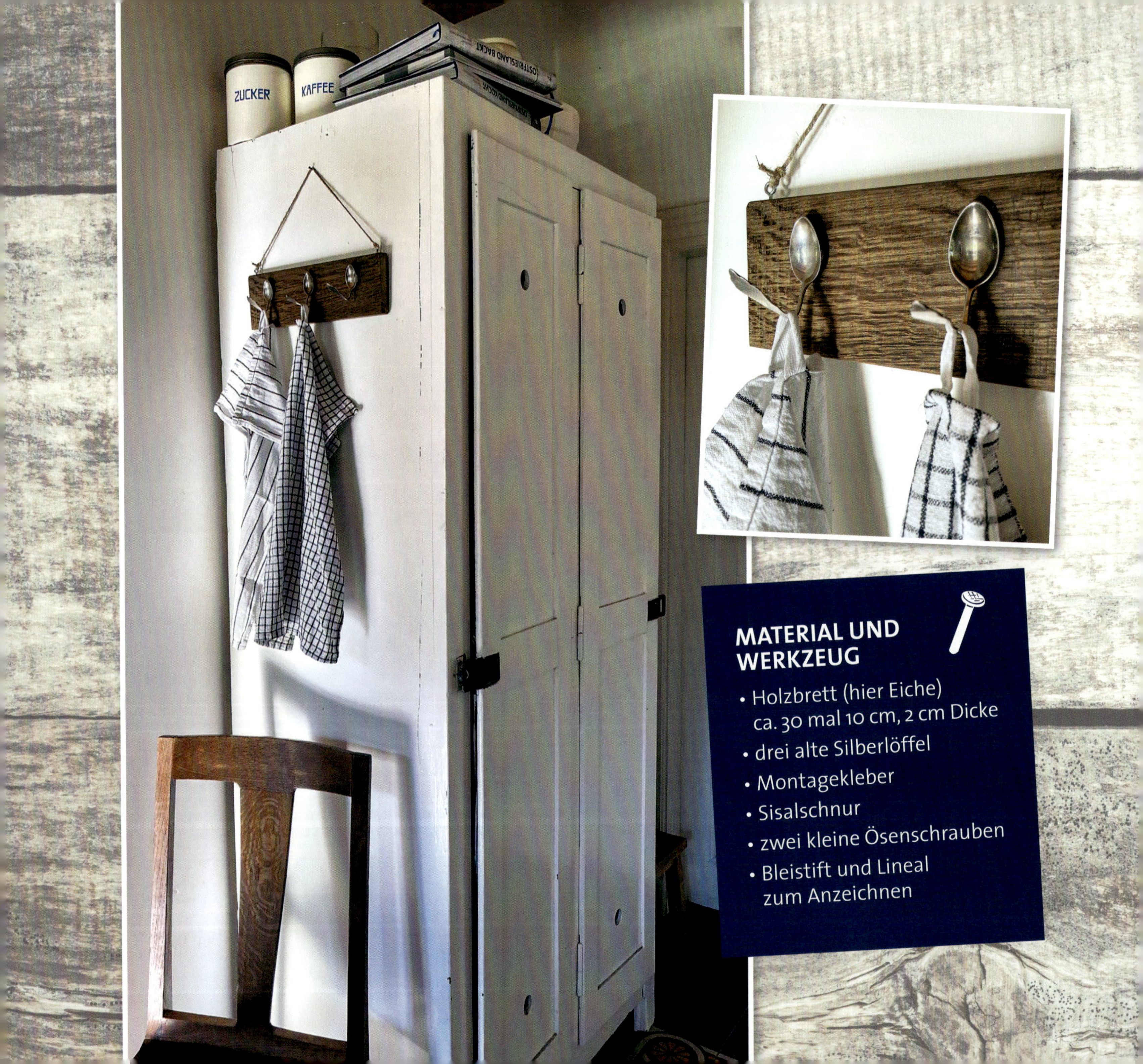

MATERIAL UND WERKZEUG

- Holzbrett (hier Eiche) ca. 30 mal 10 cm, 2 cm Dicke
- drei alte Silberlöffel
- Montagekleber
- Sisalschnur
- zwei kleine Ösenschrauben
- Bleistift und Lineal zum Anzeichnen

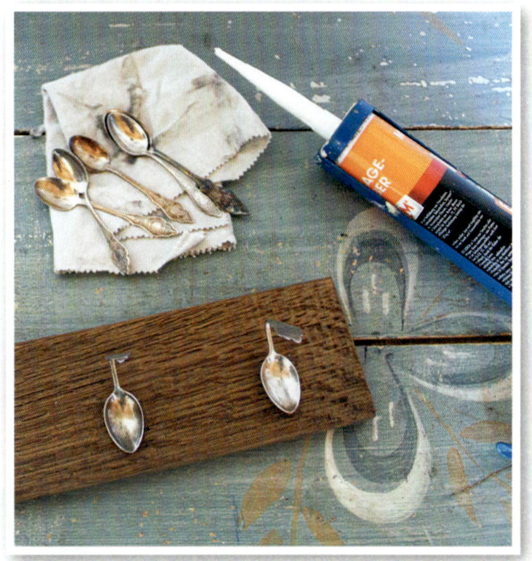

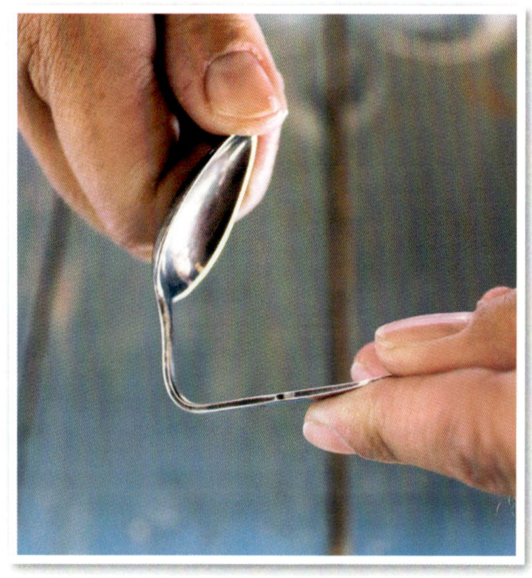

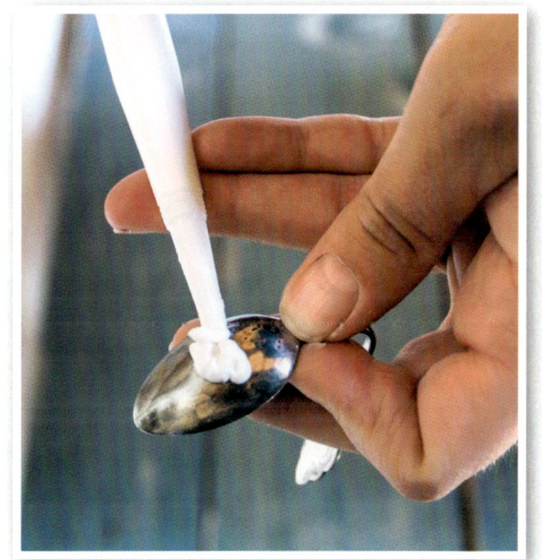

HANDTUCHHALTER

Zunächst auf dem Brett anzeichnen, wo die Löffel-Haken positioniert werden sollen. Die Teelöffel vorsichtig umbiegen, die Rückseite mit Montagekleber versehen und auf dem Brett festkleben. Für die Aufhängung die Ösenschrauben und eine Schnur anbringen. Trocknen lassen – fertig!

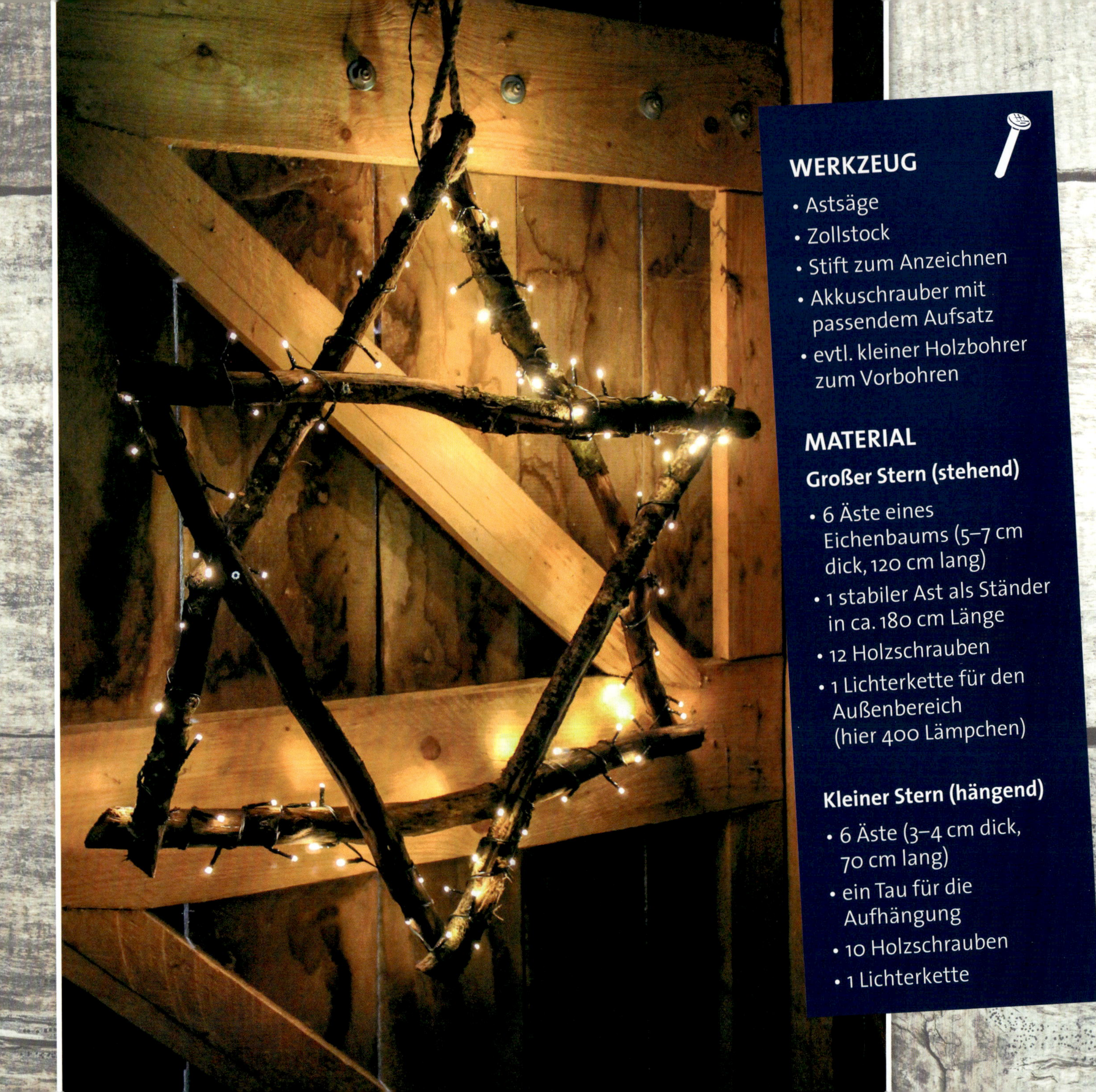

WERKZEUG

- Astsäge
- Zollstock
- Stift zum Anzeichnen
- Akkuschrauber mit passendem Aufsatz
- evtl. kleiner Holzbohrer zum Vorbohren

MATERIAL

Großer Stern (stehend)

- 6 Äste eines Eichenbaums (5–7 cm dick, 120 cm lang)
- 1 stabiler Ast als Ständer in ca. 180 cm Länge
- 12 Holzschrauben
- 1 Lichterkette für den Außenbereich (hier 400 Lämpchen)

Kleiner Stern (hängend)

- 6 Äste (3–4 cm dick, 70 cm lang)
- ein Tau für die Aufhängung
- 10 Holzschrauben
- 1 Lichterkette

Leuchtender Weihnachtsstern

Beleuchtete Häuser und Gärten bereiten in der dunklen Jahreszeit Freude. Dabei ist weniger manchmal mehr: Schlichte Sterne wie der Herrnhuter, der als Ursprung aller Weihnachtssterne gilt, sind wieder im Trend. Oder als Alternative: ein rustikaler Stern aus Ästen von ostfriesischen Eichen gebaut, der abends stimmungsvoll leuchtet.

1. Zuerst 6 Äste in etwa gleich lange Stücke zurechtsägen und jeweils 3 Äste zu einem Dreieck positionieren. Die Endstücke überlappen lassen und mit einer Holzschraube fixieren. Die Löcher eventuell mit einem Holzbohrer vorbohren.

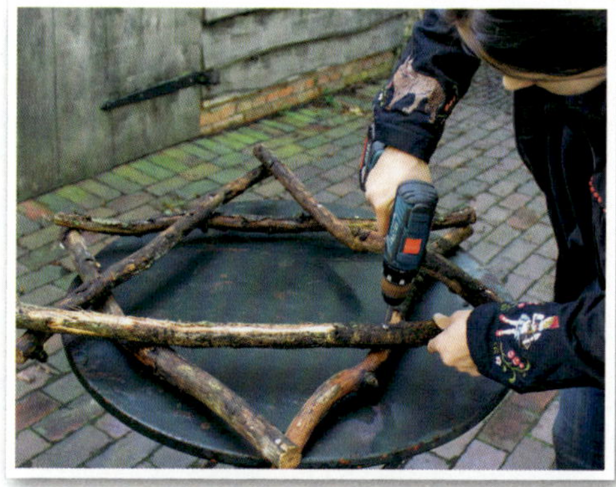

2. Wenn beide Dreiecke fertig sind, werden diese zu einem Stern zusammengefügt und fest miteinander verschraubt. Jetzt den Stern an den äußeren Bereichen mit der Lichterkette umwickeln, sodass diese später sternenförmig leuchtet. Bei dem kleinen Stern zum Schluss das Tau als Aufhängung befestigen.

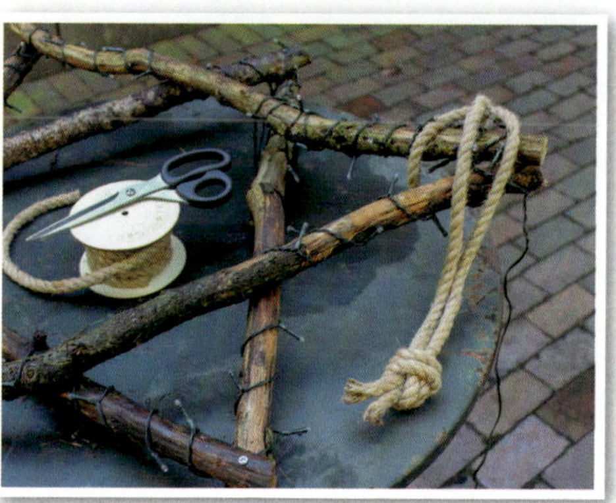

3. Den großen Stern zum Aufstellen an der unteren Spitze am Ständer befestigen und etwa 50 cm tief eingraben. Alternativ zum Eichenholz lassen sich auch gut Äste eines Haselnussstrauches verarbeiten, denn diese sind besonders gerade gewachsen.

Basteleien mit alten Weihnachtsfotos

Alle Jahre wieder werden Familienfotos vor dem Weihnachtsbaum gemacht. Warum die Bilder von früher nicht mal herauskramen und daraus etwas basteln? Zum Beispiel persönliche Geschenkanhänger oder eine Foto-Kette zum Aufhängen.

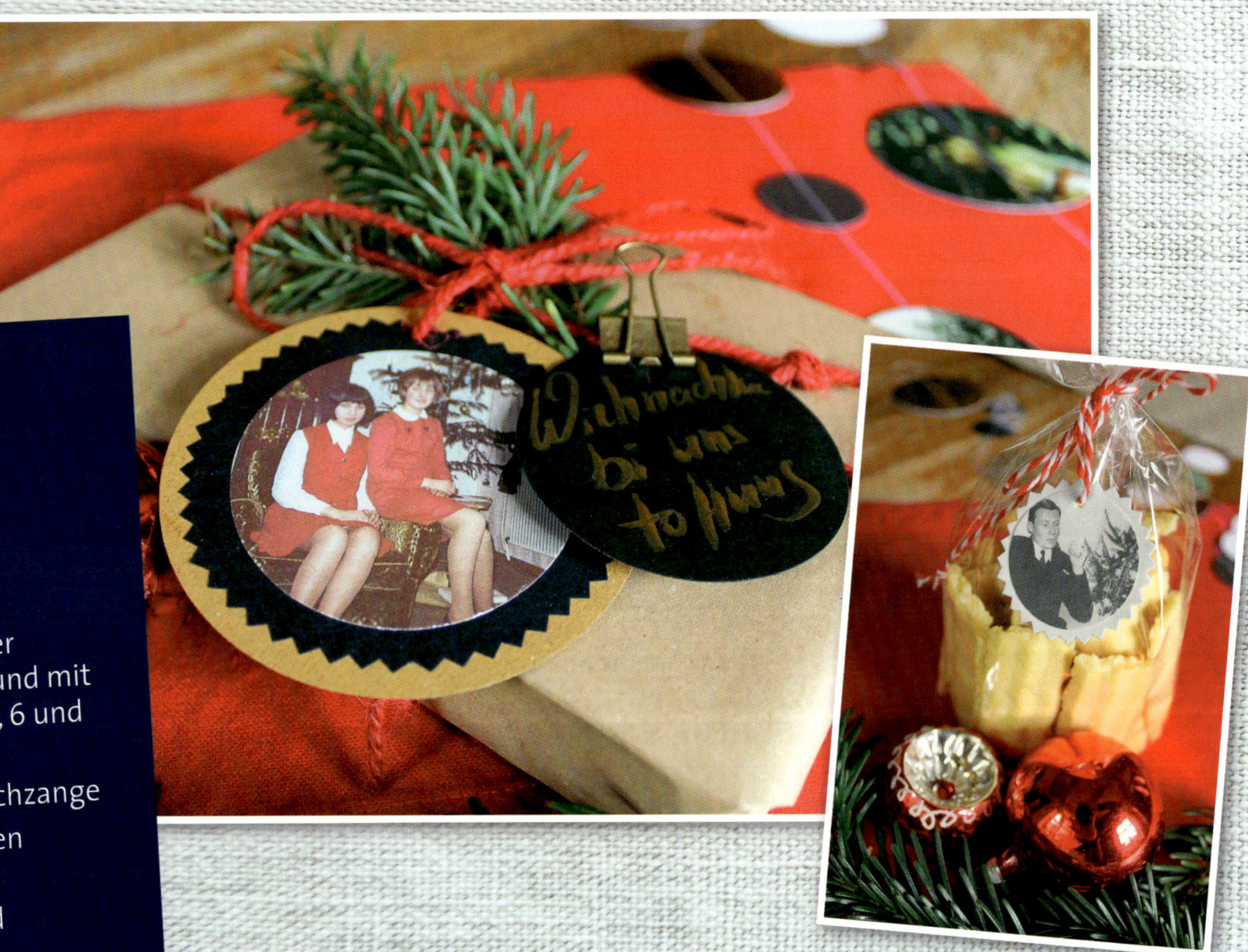

WERKZEUG

- Nähmaschine
- Schere
- Zackenschere
- Stift
- Gläser zum Anzeichnen oder Motivstanzer rund mit Durchmesser 9, 6 und 3,5 cm
- Pfriem oder Lochzange
- Goldstift für den Schriftzug
- Geschenkband

Für die Anhänger zuerst auf den Kopien der Fotos und des Tonpapiers Kreise in verschiedenen Größen anzeichnen, ausschneiden oder ausstanzen (zwei bis drei pro Anhänger, davon einen mit der Zackenschere). Die Kreise mit Klebstoff übereinander kleben und mit einem Pfriem oder einer Lochzange ein Loch als Aufhängung stanzen, mit Geschenkband versehen – fertig.

Für die Foto-Kette zehn bis zwölf Kreise auf festem Papier und auf den Fotos anzeichnen oder ausstanzen. Die Fotos eventuell auf dickes Papier kleben und dann ausschneiden. Dann die Kreise farblich und nach Größen stimmig anordnen und sie mit der Nähmaschine zu einer Kette verbinden. Beginn mit Steppstich (Maschine ohne Nähgut laufen lassen). So entsteht die Aufhängung (ca. 30 cm). Dann die Kreise nacheinander mit etwa 1 cm Abstand unter das Nähfüßchen legen und vernähen.

MATERIAL

- alte Weihnachtsfotos oder Kopien in Schwarz-Weiß und Farbe
- Tonpapier/Tonkarton in verschiedenen Farben
- flüssiger Kleber
- Faden

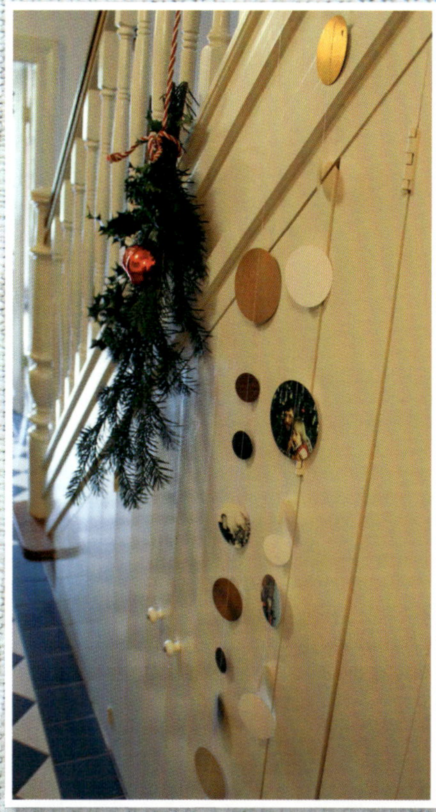

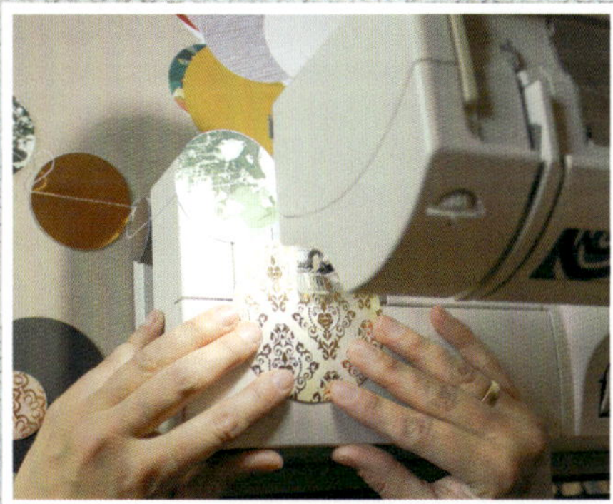

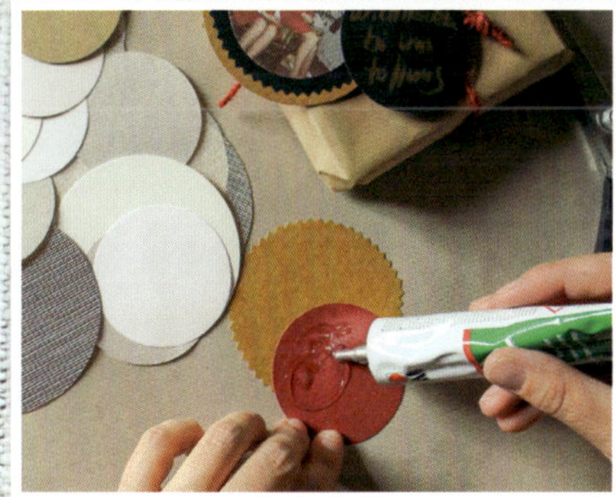

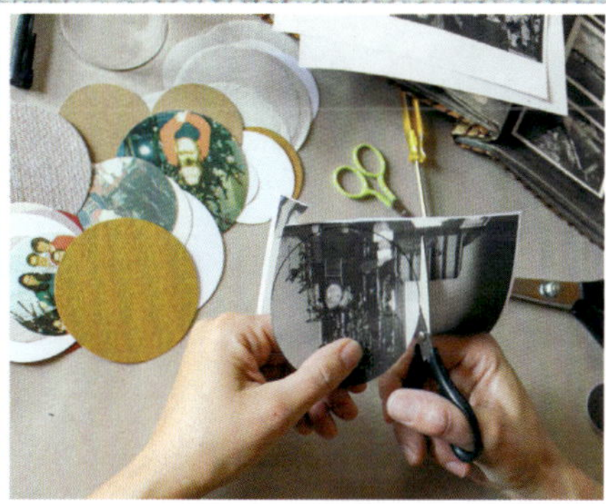

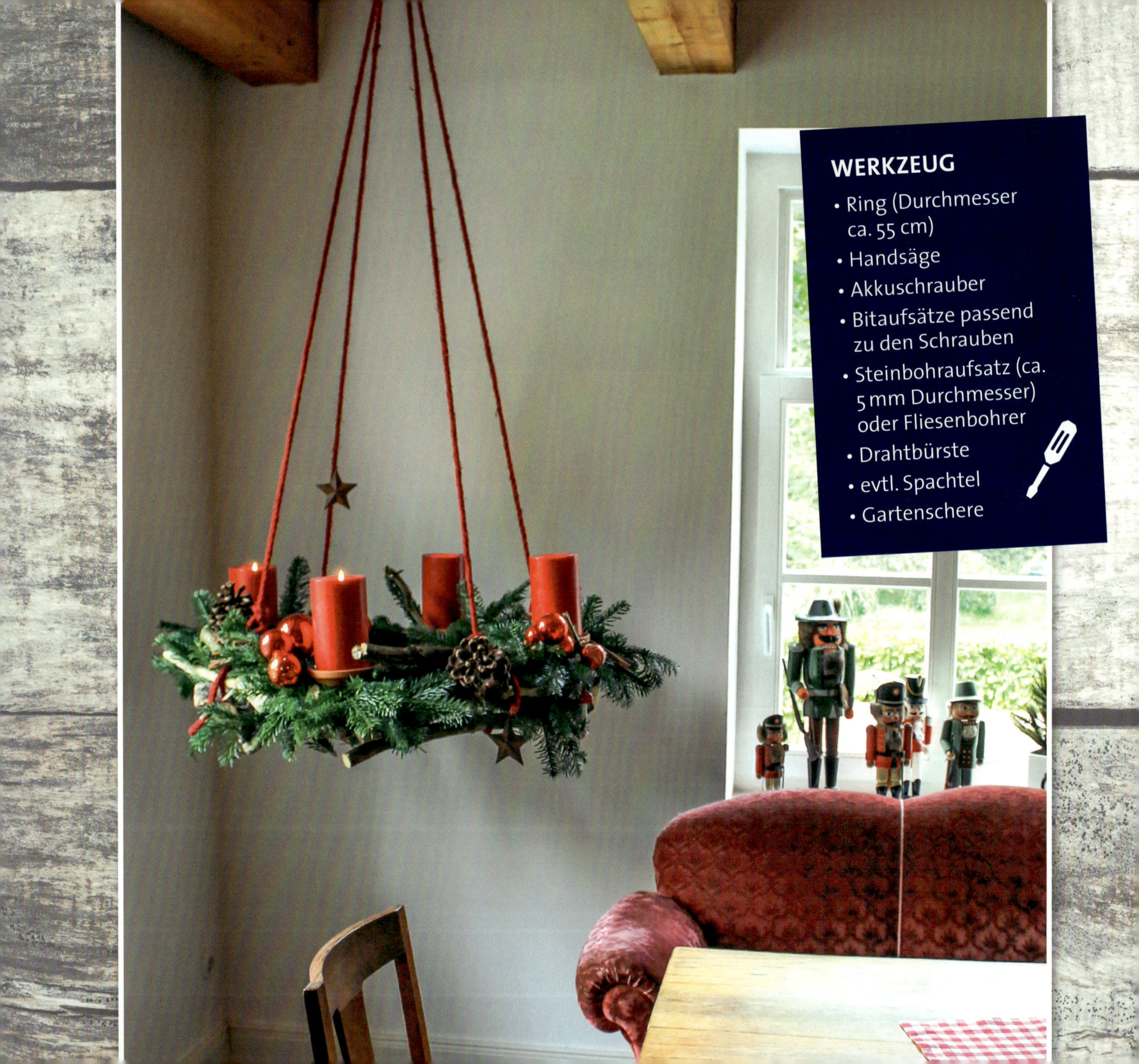
WERKZEUG
• Ring (Durchmesser ca. 55 cm)
• Handsäge
• Akkuschrauber
• Bitaufsätze passend zu den Schrauben
• Steinbohraufsatz (ca. 5 mm Durchmesser) oder Fliesenbohrer
• Drahtbürste
• evtl. Spachtel
• Gartenschere

Adventskranz aus Ästen und Zweigen

Wenn die Herbststürme abgestorbenes Holz von den Eichenbäumen in den ostfriesischen Wallheckenlandschaften geweht haben, lohnt es sich, die Äste und Zweige aufzusammeln. Denn aus dem stabilen Holz lässt sich ein schöner großer Adventskranz machen. Dieser kann bei trockener Lagerung alle Jahre wieder verwendet und immer neu dekoriert werden.

1. Zuerst werden die Äste von ihrer Rinde befreit. Sie lässt sich ganz leicht mit einer Drahtbürste oder einem Spachtel entfernen. Nun die gesäuberten Äste um einen großen Ring oder einen aus Zeitungspapier zurechtgeschnittenen Kreis (Innenmaß) herumlegen. Jetzt können die Eichenäste mit einer Handsäge auf die passende Länge geschnitten werden.

2. Anschließend werden sie so um den Ring gelegt, dass ein runder Kranz entsteht. Man beginnt mit den dicksten Ästen, denn diese verleihen dem Ganzen Halt.

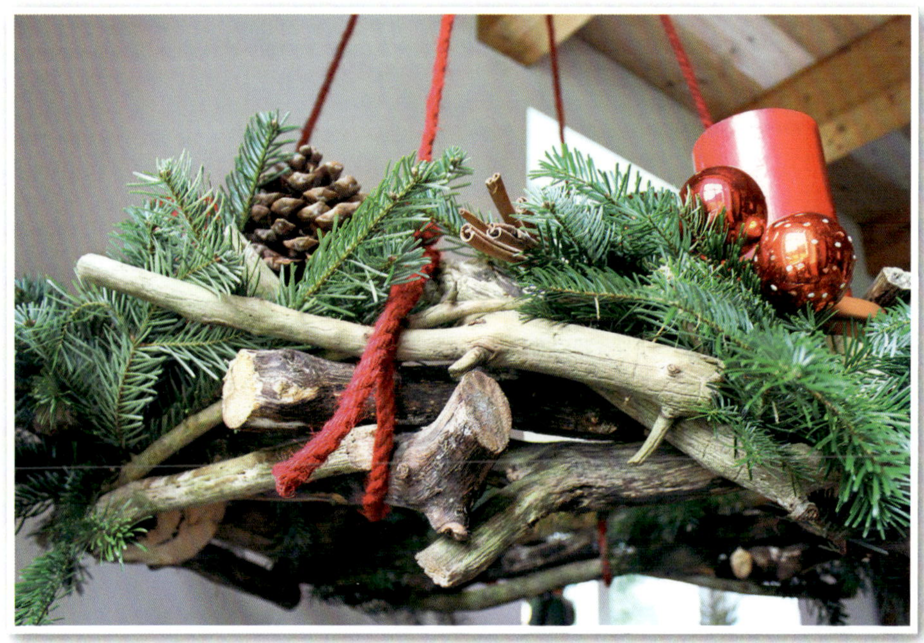

Ein Kranz für alle Jahre!

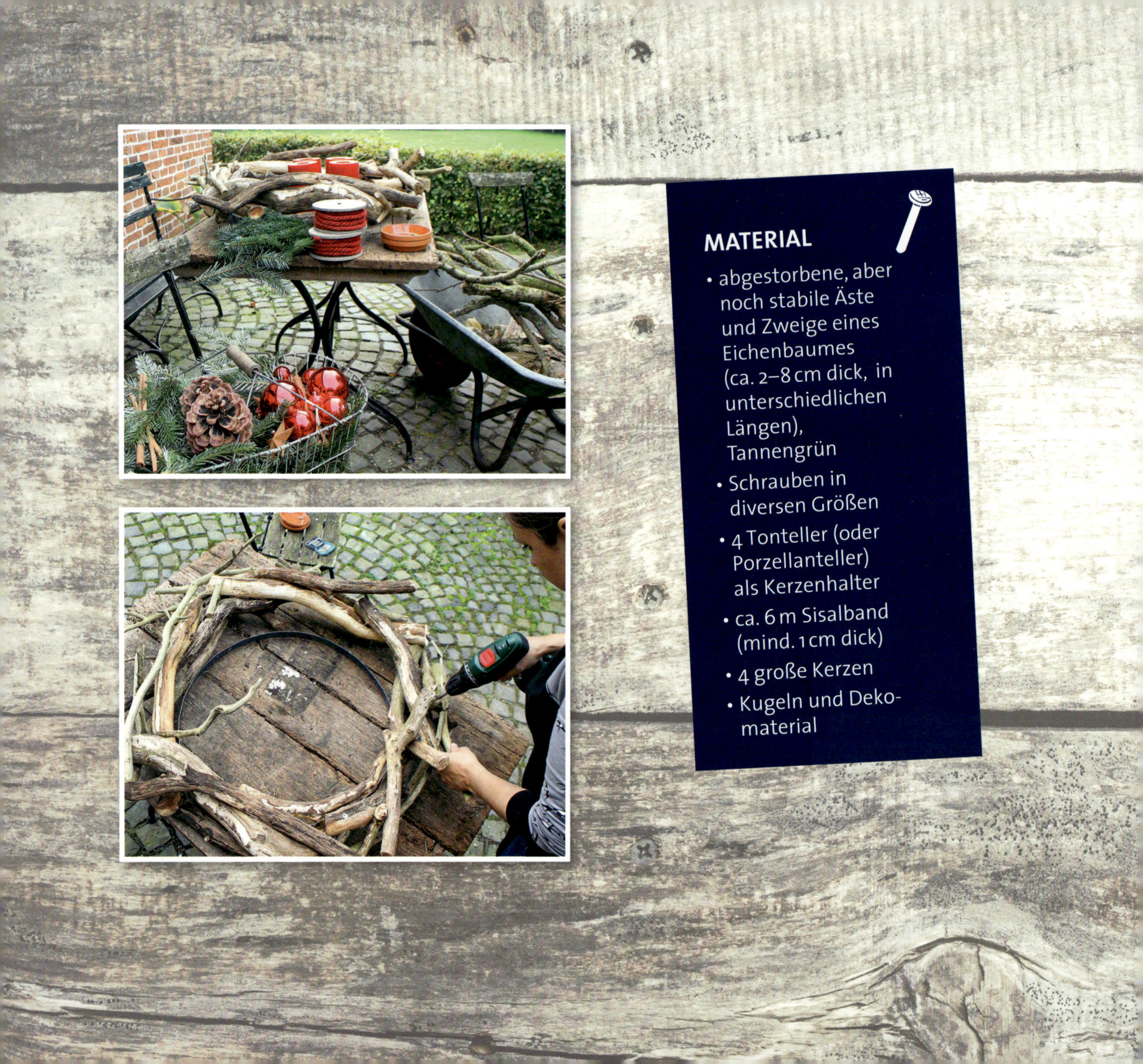

MATERIAL

- abgestorbene, aber noch stabile Äste und Zweige eines Eichenbaumes (ca. 2–8 cm dick, in unterschiedlichen Längen), Tannengrün
- Schrauben in diversen Größen
- 4 Tonteller (oder Porzellanteller) als Kerzenhalter
- ca. 6 m Sisalband (mind. 1 cm dick)
- 4 große Kerzen
- Kugeln und Dekomaterial

3. Mithilfe des Akkuschraubers werden nun die unterschiedlich großen Eichenäste verschraubt. Hier ist ein wenig Ausprobieren angesagt. Auch wenn der Kranz anfangs etwas fragil erscheint, so wird er mit jedem Ast fester und optisch runder. Ruhig ein paar mehr Schrauben anbringen! Zum Schluss kleinere Zweige in den Kranz einarbeiten.

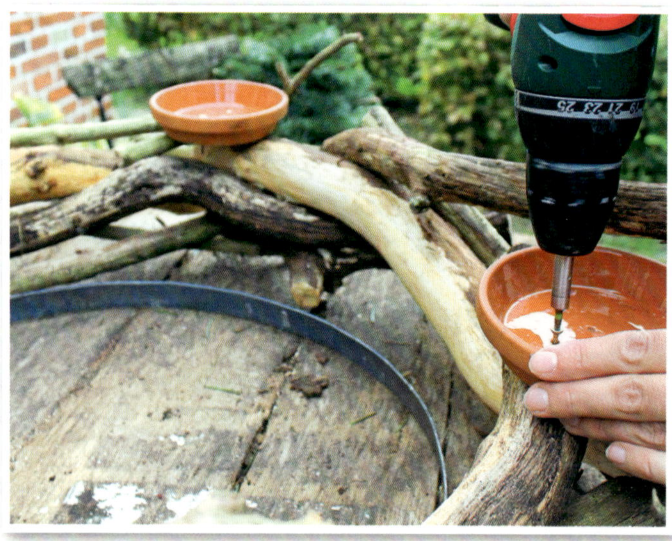

4. Wenn die gewünschte Dicke und Fülle erreicht ist, werden die vier Tonteller als Kerzenhalter angebracht. Vorher müssen diese mit kleinen Löchern versehen werden, am besten mit einem Fliesen- oder Steinbohrer. Wichtig: Die Tonteller müssen beim Bohren auf einem sandigen oder erdigen Untergrund liegen, damit sie beim Bohren nicht zerbrechen. Die Teller im gleichmäßigen Abstand am Kranz vorsichtig befestigen.

5. Jetzt kann das Tannengrün verarbeitet werden. Man schneidet kleine Zweige zurecht und schiebt diese einzeln oder in ganzen Büscheln unter die Kerzenteller und zwischen die Äste. Begonnen wird jeweils von einem Teller aus. Neben den Kerzenhaltern bleibt das Holzgerüst sichtbar.

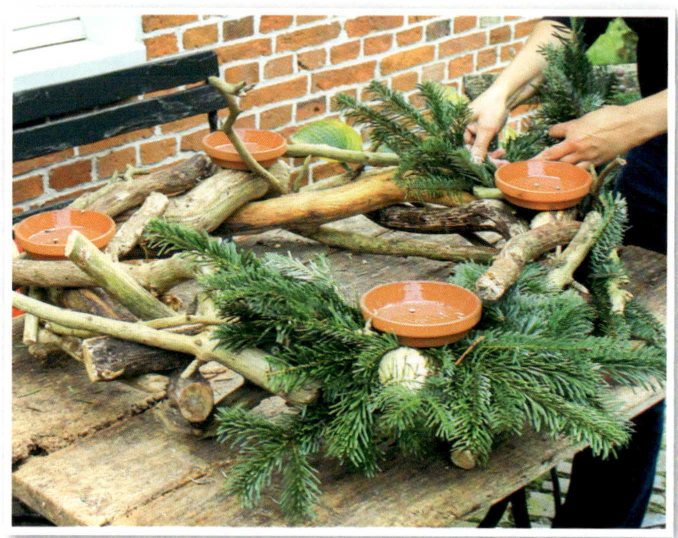

6. Für die Aufhängung ein dickes Sisalband am Kranz befestigen und ihn nach Herzenslust dekorieren!

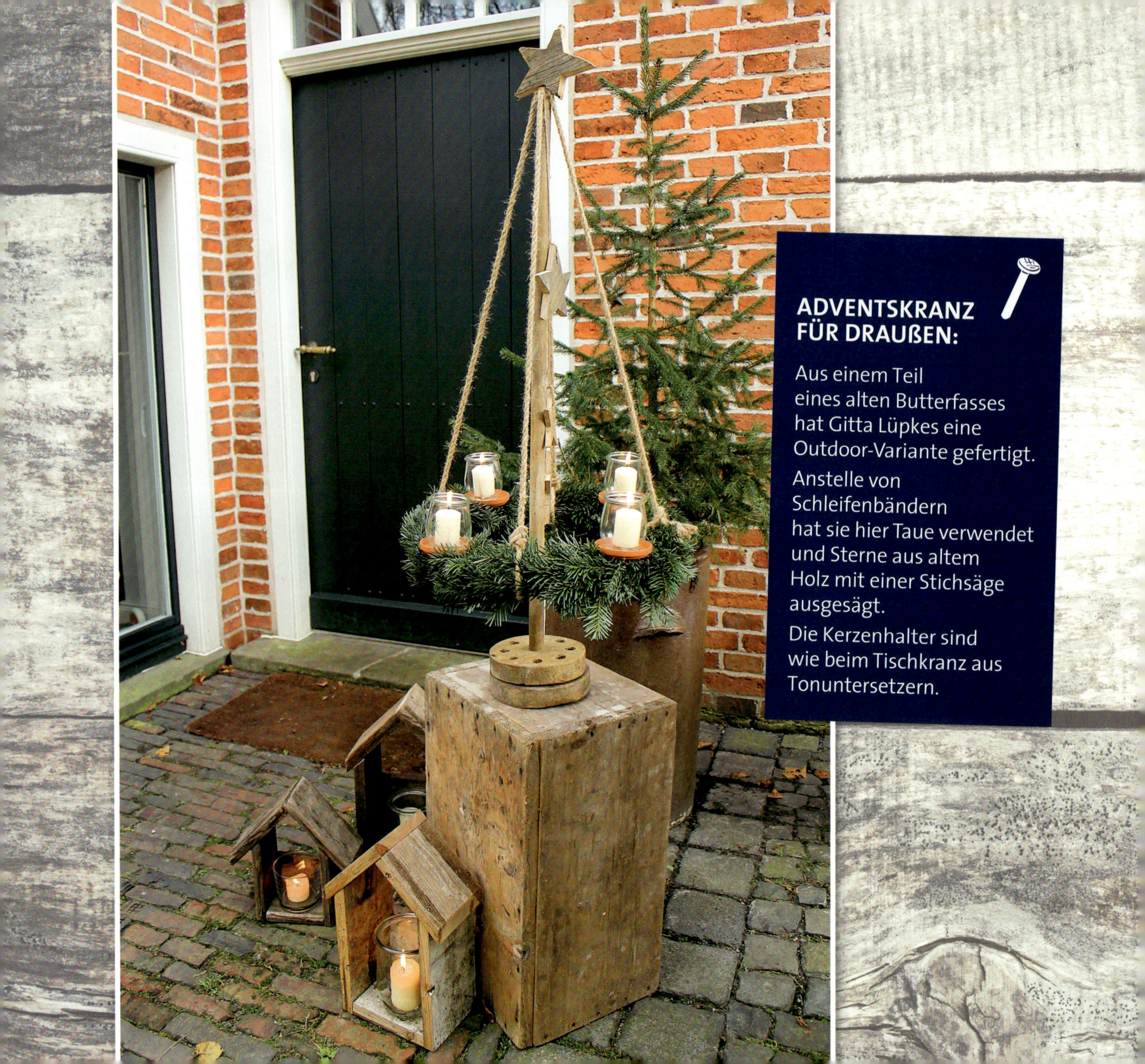

ADVENTSKRANZ FÜR DRAUßEN:

Aus einem Teil eines alten Butterfasses hat Gitta Lüpkes eine Outdoor-Variante gefertigt.

Anstelle von Schleifenbändern hat sie hier Taue verwendet und Sterne aus altem Holz mit einer Stichsäge ausgesägt.

Die Kerzenhalter sind wie beim Tischkranz aus Tonuntersetzern.

Ostfriesischer Adventskranz

Der typisch ostfriesische Adventskranz am Ständer ist ein Klassiker zur Weihnachtszeit und wird in manchen Familien über Generationen weitergegeben. Man kann ihn aber auch ganz einfach nachbauen oder als moderne Outdoor-Variante gestalten.

WERKZEUG

- Seitenschneider bzw. Zange
- Gartenschere
- Stichsäge
- Stift zum Anzeichnen
- Schleifpapier
- Pinsel
- Akkubohrer mit passendem Holzbohraufsatz und Bit
- Akkuschrauber mit Glasbohrer
- Kneifzange bzw. Seitenschneider

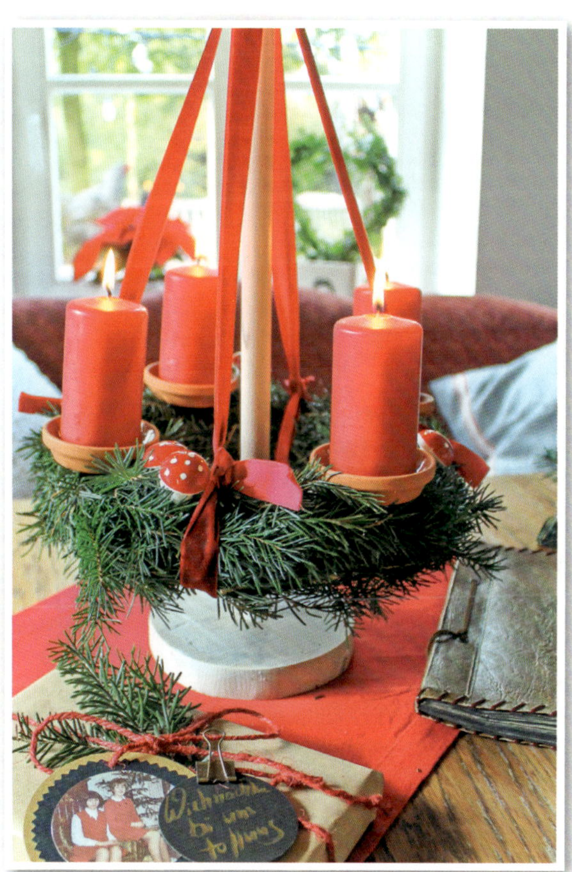

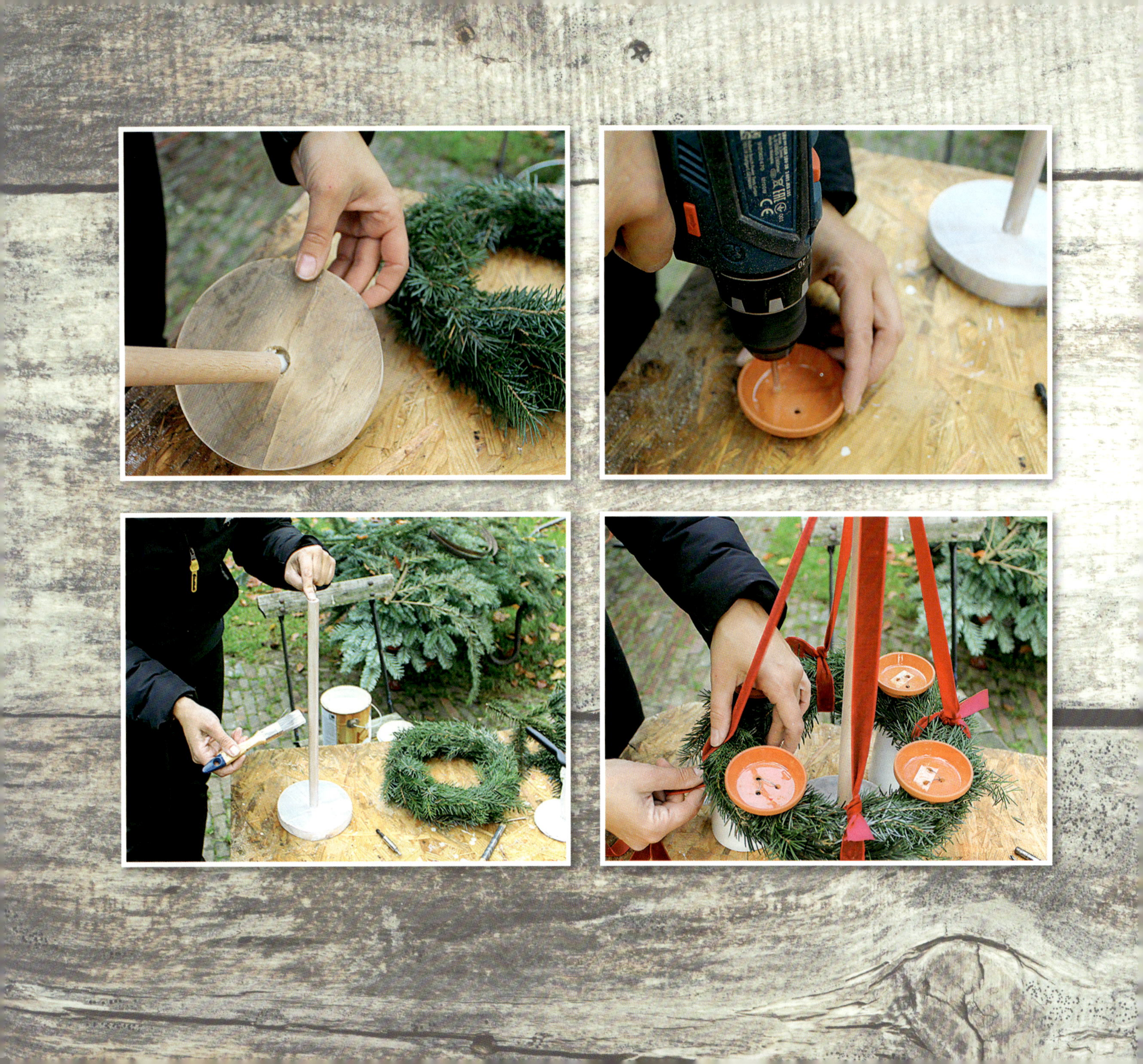

1. Wer hat, kann für den Tischkranz natürlich einen traditionellen Adventskranzständer verwenden. Das Gestell lässt sich aber gut nachbauen: Einen Kreis mit 15 cm Durchmesser auf dem Holzbrett anzeichnen und mit einer Stichsäge aussägen, die Kanten schleifen.

2. Einen Holzstab (2 cm Durchmesser) auf 40 cm Länge sägen. In die Mitte der Holzscheibe mit dem Holzbohrer zur Hälfte ein Loch für den Holzstab vorbohren und diesen mit Holzleim verkleben.

3. Von unten zusätzlich mit einer Schraube befestigen. Das Gestell mit weißer Holzlasur streichen.

4. Wer den Kranz selbst fertigen möchte, schneidet Tannengrün zu kleinen Stücken, bündelt es und bindet es mit Draht zu einem Kranz oder um einen Strohkranz herum.

5. Für die Kerzenhalter mit dem Glasbohrer drei Löcher in die Tonuntersetzer bohren. Zwei Drahtstücke durch die Löcher ziehen und miteinander verdrehen, sodass noch zwei Stränge zum Befestigen am Kranz bleiben.

6. Den Kranz mit den Kerzenhaltern und den Pilzen dekorieren und auf vier umgedrehte Tassen setzen, damit er später gerade hängt. Den Ständer in die Mitte stellen, zwei Schleifenbänder auf die richtige Länge schneiden, anbringen und über Kreuz aufhängen.

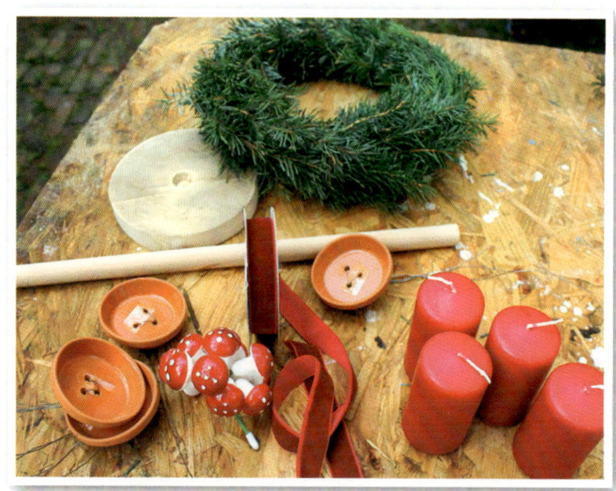

MATERIAL

- altes Holzbrett
- Holzstange
- kleine Holzschraube
- weiße Holzlasur
- Holzleim
- Tannengrün
- Strohkranz oder Kranzrohling
- rotes Schleifenband
- 4 rote Kerzen
- 4 Tonuntersetzer
- Deko-Pilze mit Draht
- Rosendraht

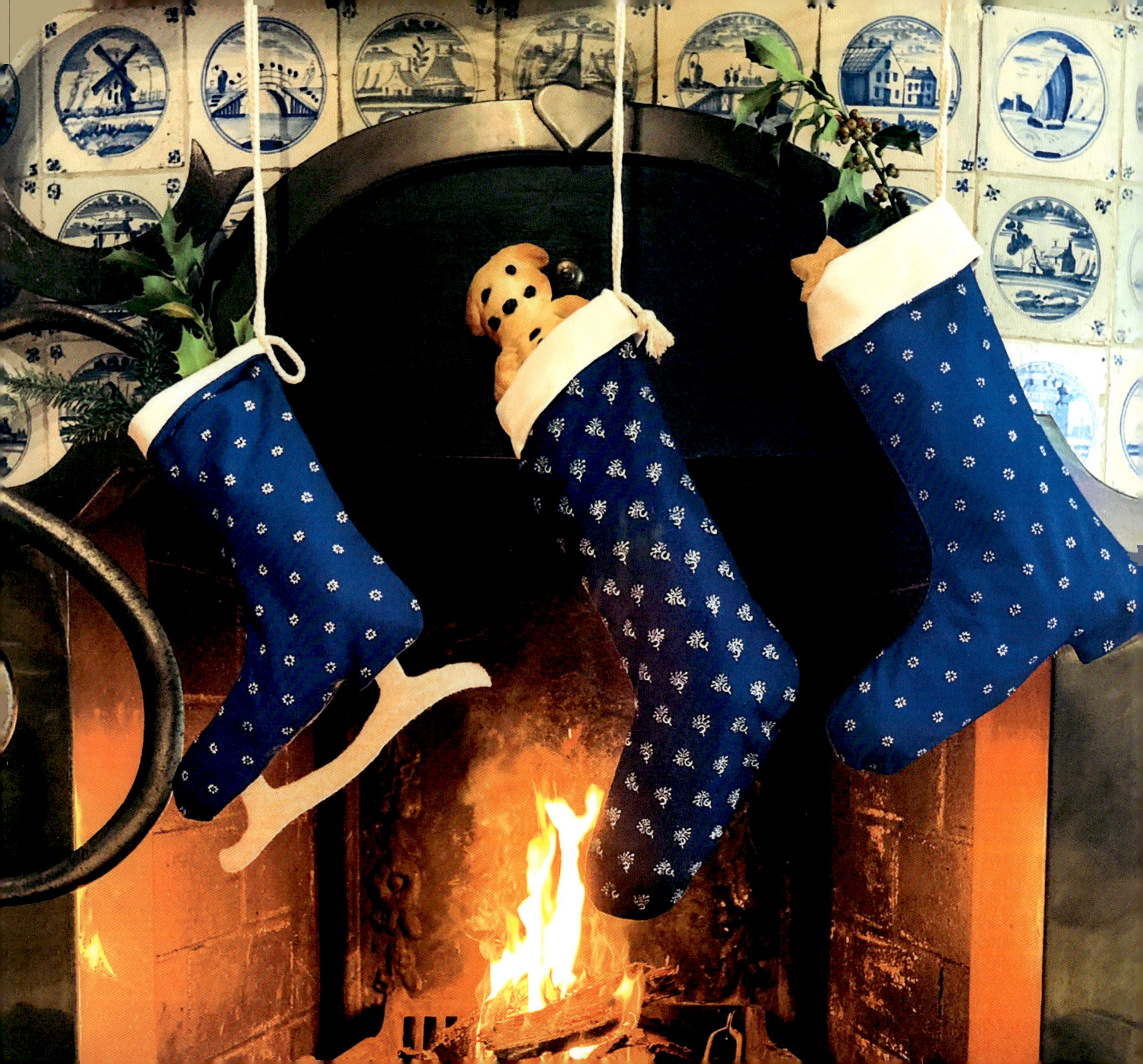

Nikolausstiefel aus Blaudruckstoff

Wer sagt denn, dass es immer Rot sein muss? Gitta Lüpkes hat für die süßen Gaben und den typisch ostfriesischen Stutenkerl einen Nikolausstiefel aus friesischem Blaudruckstoff genäht – in drei Formen: als Stiefel, Strumpf und Schöfel (Schlittschuh).

1. Zuerst eine Schablone für den Stiefel herstellen, hier ca. 48 mal 25 cm groß. Den Schaft dabei lang lassen, damit er später umgekrempelt werden kann. Den Blaudruckstoff doppelt legen, die Schablone darauf platzieren und mit Stecknadeln feststecken. Die Form mit gut 0,5 cm Zugabe für die Naht ausschneiden. Mit dem weißen Futterstoff ebenso verfahren.

WERKZEUG

- festes Papier für die Schablone
- Stift zum Anzeichnen
- Schere
- Maßband
- Nähmaschine
- passendes Nähgarn
- Handnähnadel
- Stecknadeln

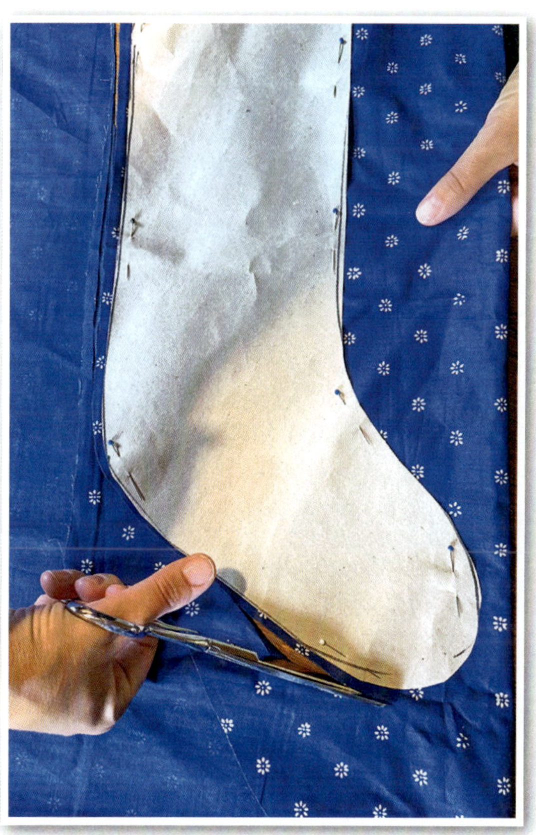

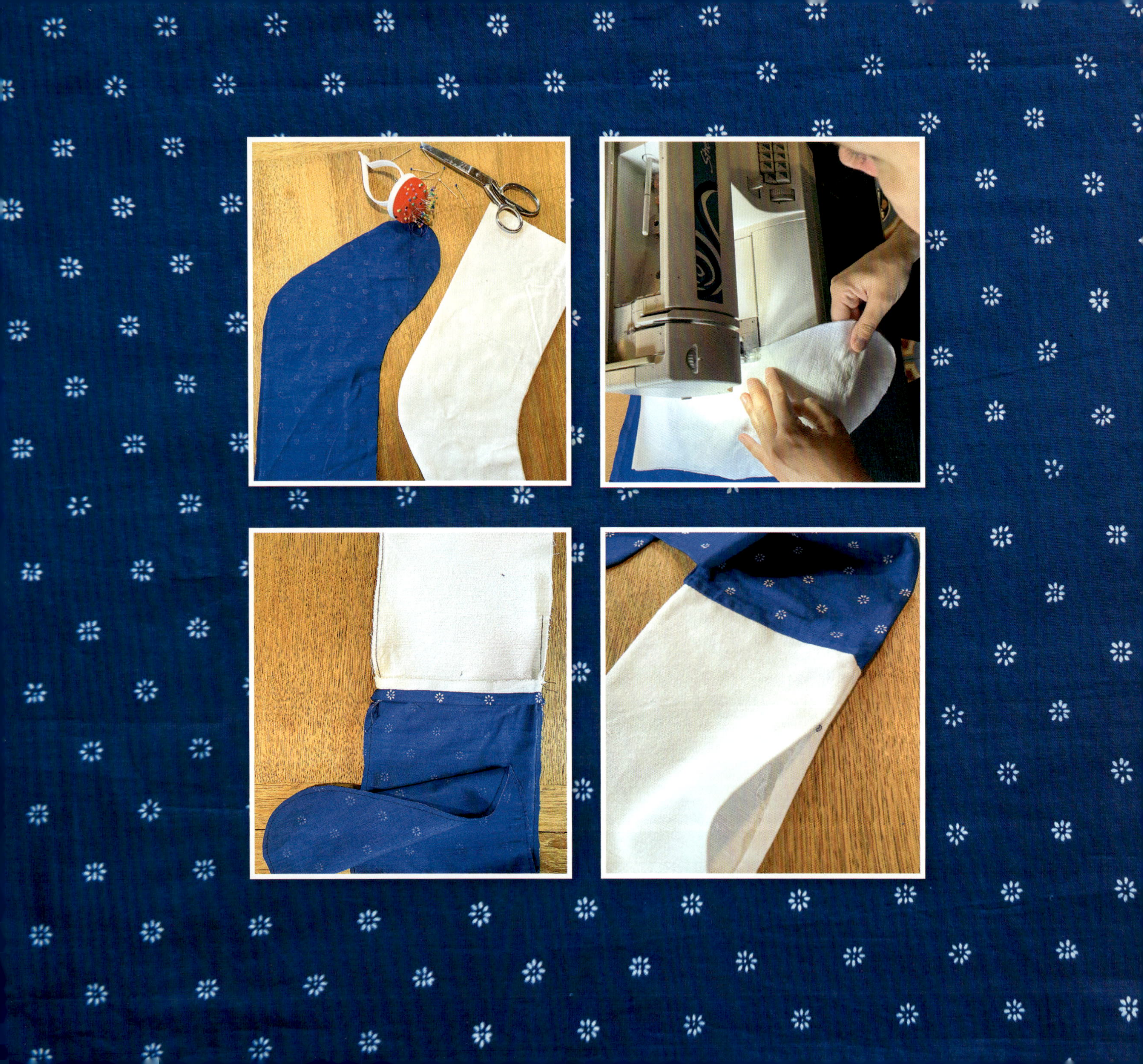

2. Nun die Stoffe rechts auf rechts legen und mit Steppstich zusammennähen, beim Blaudruckstoff ein halbes Nähfüßchen breit vom Rand, beim Futterstoff ein ganzes Nähfüßchen breit vom Rand. Der Stiefel aus Futterstoff muss etwas kleiner ausfallen, damit er sich gut in den Stiefel aus Blaudruckstoff legt.

3. Den Schaft oben offen lassen und beim Futterstoff im mittleren Teil des Schaftes eine ca. 5 cm große Wendeöffnung lassen. Den Rand abschneiden, sodass ca. 2 bis 3 mm Stoff neben der Steppnaht stehen bleiben. Nun beide Öffnungen am Schaft zusammensteppen und die Nähte bügeln, damit sie sich leichter umkrempeln lassen. Den Stiefel durch die Wendeöffnung auf rechts drehen.

4. Den Futterstoff in den Stiefel formen, bügeln und danach den Schaft umkrempeln. Zum Schluss mithilfe einer Handnähnadel die Wendeöffnung schließen und die Kordel anbringen.

Für die Schlittschuhvariante eine Schablone für die Kufen herstellen, aus Wollfilz zuschneiden und vor dem Nähen zwischen die Blaudruckstoffe mittig platzieren.

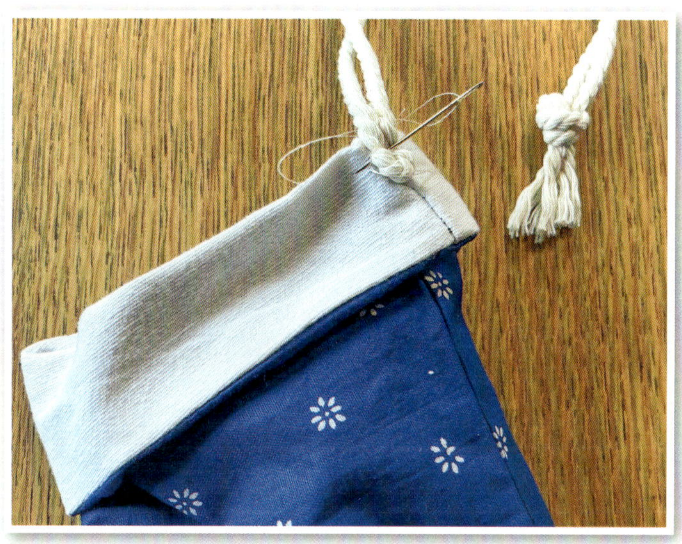

MATERIAL

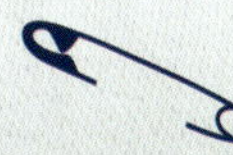

- Blaudruckstoff je ca. 50 x 50 cm groß (bei allen drei Varianten)
- fester weißer Baumwollstoff, 50 x 50 cm
- Baumwollkordel für die Aufhängung, ca. 1 m lang
- für den Schlittschuh zusätzlich ein Stück Wollfilz, ca. 30 x 80 cm
- Stecknadeln

Ostfriesland Verlag – SKN

OSTFRIESLAND HANDGEMACHT

Ideen und Umsetzung: Gitta Lüpkes
Fotografie und Text: Wiebke Hayenga-Meyer

1. Auflage 2024
ISBN 978-3-910358-08-9

Bibliografische Information der Deutschen Nationalbibliothek:
Die Deutsche Nationalbibliothek verzeichnet diese Publikation in der Deutschen Nationalbibliografie; detaillierte bibliografische Daten sind im Internet über http://dnb.d-nb.de abrufbar.

Verlagsanschrift: Stellmacherstraße 14 · 26506 Norden
Internet: www.skn.info · E-Mail: buchshop@skn.info

Lektorat: Annette Freese
Umschlaggestaltung / Layout: Wiebke Jacobsen
Produktion: Wiebke Hayenga-Meyer
Bildbearbeitung: Victoria Danielyan
Grundschrift: The Sans

Druck: MegaDruck Produktions- und Vertriebs GmbH
Gesamtherstellung: SKN Druck und Verlag GmbH & Co. KG

Fotos: Wiebke Hayenga-Meyer; außer: Ute Bruns (S. 4)
Ostfriesland Bild – SKN Druck und Verlag GmbH & Co. KG